Leichtathletik-WM 83

Leichtathletik-WM 83

Offizielle Bilddokumentation
des Deutschen Leichtathletik-Verbandes

Von Michael Gernandt und Robert Hartmann
Fotos von Sven Simon

COPRESS VERLAG MÜNCHEN

FOTOS
Günter R. Müller
Mathias Rogmans

GESTALTUNG
Franz Hornauer

REDAKTION
Horst Engelbach

PRODUKTION
Druck + Werbung Hornauer

Copyright © 1983 by Copress-Verlag
Druckhaus München GmbH
Schellingstraße 39–43, 8000 München 40
Telefon 089/28 24 23, Telex 5-24 368

GESAMTHERSTELLUNG
Druckhaus München GmbH
Printed in Germany

ISBN 3-7679-0213-3

Inhalt

HERREN

100 m, 200 m, 4×100 m:
Carl Lewis: Die neue Dimension   16

400 m, 4×400 m:
Hoch gelobt und tief gefallen   24

110 und 400 m Hürden:
Die Leiden des Harald Schmid   30

800 m, 1500 m:
„Williii!" oder von der Lust am Laufen   34

5000 m, 10000 m:
Thomas Wessinghage: „Das muß man akzeptieren"   42

Marathon:
Robert de Castella: Die Laune des Augenblicks besiegt   46

3000 m Hindernis:
Als Weltmeister zum Traualtar   50

20 km und 50 km Gehen:
Gelbe Karte für die Sieger   56

Sprungwettbewerbe:
Von Himmelsstürmern und Versagern   57

Wurfwettbewerbe:
Die Schwächen der starken Männer   81

Zehnkampf:
Die süße Rache des Daley Thompson   84

DAMEN

100 m, 200 m, 4×100 m:
Schnelle Beine und loses Mundwerk   92

400 m, 800 m, 4×400 m:
Der Preis für Ruhm und Ehre   97

1500 m, 3000 m:
Mit Eleganz zum Doppelsieg   102

100 und 400 m Hürden:
Weltrekord vom Winde verweht   106

Marathon:
„Vögel, die morgens singen..."   108

Sprungwettbewerbe:
Von der Freizügigkeit des Denkens und Handelns   111

Wurfwettbewerbe:
Der Tag, als Finnland strahlte   116

Siebenkampf:
Das Kollektiv gab sich die Ehre   120

Schlußwort   124

Alle Rekorde auf einen Blick   125

Die Ergebnisse von Helsinki   126

Zum Geleit

Nach den Wünschen und den Vorstellungen des Deutschen Leichtathletik-Verbandes sollten die 1. Weltmeisterschaften der Leichtathletik in Stuttgart und nicht in Helsinki stattfinden. Wir hatten unsere Bewerbung gut vorbereitet und stellten uns mit Oberbürgermeister Manfred Rommel dem Präsidium der IAAF im April 1978 in Paris vor. Rein sachlich gesehen waren wir Helsinki in drei Punkten überlegen: Mit dem größeren und moderneren Stadion, den besseren Arbeitsplätzen im Stadion z. B. für die Pressevertreter und mit der größeren Zuschauerzahl, ein wichtiger Punkt im Haushalt. Der Oberbürgermeister von Helsinki war nicht mitangereist, aber es half nichts: Helsinki gewann die Abstimmung, weil das Präsidium der kleineren Leichtathletiknation, dem Sportvolk der Finnen und der großen finnischen Leichtathletikgeschichte Reverenz erwies. Wir haben herzlich gratuliert, Stuttgart bekam kurz darauf die Ausrichtung der Europameisterschaften von 1986 übertragen.

Die Finnen waren nicht nur hervorragende Gastgeber, sie haben auch die Weltmeisterschaften organisatorisch und sportlich ausgezeichnet vorbereitet und durchgeführt. Dabei war die Belastung durch die genau 151 teilnehmenden Mitglieder der IAAF sehr groß. Unsere Mannschaft hat sich im vertrauten Quartier Otaniemi wohl gefühlt, die Betreuung war herzlich, der Dank an die Finnen in der Stillen Stunde entsprechend. Unsere Mannschaft hat ein befriedigendes Ergebnis erzielt. 26 Endkampfplätze waren sogar mehr als ein Jahr vorher bei den Europameisterschaften in Athen. Dort war der Glanz von 8 Goldmedaillen strahlender gewesen und auf den angestammten vierten Platz der Weltrangliste nach der DDR (10×Gold), den USA (8×Gold) und der UdSSR (6×Gold) schob sich dieses Mal die CSSR mit 4×Gold dank ihrer überragenden Frauenleistungen. Trotzdem können gerade unsere Frauen mit ihren Ergebnissen in Helsinki zufrieden sein: Drei von den fünf neuen Deutschen Rekorden gehen auf ihr Konto!

Über unsere beiden Weltmeister Willi Wülbeck und Patriz Ilg freuen wir uns sehr, die Bilddokumentation der folgenden Seiten hält ihre Leistungen fest. In einigen Wettbewerben hatten wir (noch) mehr erwartet, dies gilt insbesondere für die 400 Meter, die 4×400-m-Staffel, den 5000-m-Lauf und den Hochsprung der Männer. Die genaue Analyse des Leistungsaufbaus in diesem Jahr und der Wettkampf- und Trainingssteuerung der letzten Wochen vor Helsinki sollten die Erkenntnisse bringen, die 1984 für Los Angeles angewandt werden müssen.

Die 1. Weltmeisterschaften von 1983 haben dem internationalen Terminkalender einen weiteren großen Wettkampf eingebracht. Die Mitarbeiter des DLV werden sich in die Diskussion, wie es weitergehen soll, kritisch miteinschalten, denn es gibt kein Jahr der Regeneration für Beruf, Studium oder Prüfungen mehr, im Gegenteil, neue Wettbewerbe werden diskutiert: Hallenweltmeisterschaften und Weltmeisterschaften für Junioren. Die Verletzungen vor Helsinki (Birgit Friedmann, Karl-Werner Dönges) und in Helsinki (Mary Wagner) sind beredtes Zeugnis.

Die ersten Weltmeisterschaften haben zum erstenmal seit 1972 in München die gesamte Leichtathletikwelt am Start gesehen. 1976 in Montreal fehlten die Läufer Afrikas, 1980 in Moskau fehlten wir, zusammen mit einigen anderen westlichen Nationen.

Es bleibt zu hoffen, daß der sportliche Leistungsvergleich auch in Zukunft ohne negativen politischen Einfluß erfolgen kann. Helsinki war ein großer Erfolg, die nachstehenden Bilder und Texte belegen dies.

Prof. Dr. August Kirsch
Präsident des
Deutschen Leichtathletik-Verbandes

Herren: 100 m, 200 m, 4 × 100 m

Carl Lewis: Die neue Dimension

Gerry W. Hofman, Leichtathletik-Fan aus Palo Alto/Kalifornien, war eigentlich nicht nach Helsinki gekommen, um Politik zu machen. Doch genau dies tat er, als er am Abend des 8. August auf seinem Platz auf der Gegengeraden des Olympiastadions ein Plakat entrollte und es weithin sichtbar schwenkte. »Carl Lewis for President« hieß seine kühne Forderung. Seinem Gesichtsausdruck zufolge war es ihm durchaus ernst damit. Wenn das Ronald Reagan wüßte!

Es ist uns nicht bekannt, ob der Chef des Weißen Hauses vom Ansinnen Hofmans je erfahren hat. Aber es ist uns bewußt geworden, mit welch grandiosem Sportler der Mann aus Palo Alto den amerikanischen Wahlkampf da eröffnet hat: Mit Carl Lewis (22), dem gewiß fähigsten Sprinter der letzten 20 Jahre, dem ersten Weltmeister über 100 Meter, der voraussagte, wenigstens 10,07 Sekunden zu laufen, um den Titel zu holen, und der exakt diese Zeit erreichte. 14 Hundertstelsekunden betrug sein Vorsprung auf den Zweiten, Calvin Smith (USA). Nur zweimal gab es bei vergleichbaren 100-m-Finals überlegenere Sieger: 1964 im Olympiafinale von Tokio lag Bob Hayes 19 Hundertstel vor Figuerola (Cuba) und 1956 bei den Spielen in Melbourne Bobby Morrow 15 Hundertstel vor Baker.

Carl Lewis – das ist die neue Dimension im Sprint. Nicht, daß sich dies in den Rekordlisten besonders niedergeschlagen hätte. Nein, seinen ersten Weltrekord erreichte Carl erst zwei Tage nach seinem Triumph über 100 Meter als Mitglied der amerikanischen 4 × 100-m-Staffel. Und die Höchstleistung über 100 Meter, die der von ihm besiegte Smith in der dünnen Höhenluft von Colorado Springs auf 9,93 Sekunden gestellt hatte, die will er nicht ohne weiteres gelten lassen. »Sternchenrekord«, bemerkte er abfällig. »Was interessiert mich ein Rekord, der mit einer Fußnote versehen ist, die ständig darauf aufmerksam macht, daß hier die Höhenlage nachgeholfen hat.«

Die neue Dimension

Nein, diese neue Dimension wird nur gewahr, wer den Amerikaner laufen sieht. In der Startphase eher durchschnittlich, entfaltet Carl Lewis nach 20 Metern eine Beschleunigung von bisher nicht erlebtem Ausmaß. Wie er an Geschwindigkeit gewinnt, ist äußerlich kaum zu erkennen. Er krümmt sich nicht und rudert nicht, aufrecht

---

Carl Lewis

Frederick Carl Lewis, geboren am 1. Juli 1961 in New Jersey, »ist ein Mensch, der von seinen Zielen besessen ist.« So urteilte einmal die bekannte US-Fachzeitschrift »Track and Field News« (»the bible of the Sport«) über den berühmten amerikanischen Leichtathleten. »Sie treiben ihn voran, sie zwingen ihn in seine Schranken, sie verursachen Frustrationen, wenn der Weg zu ihnen fehlerhaft ist.« Nur, wie seine Ziele aussehen, das wird so schnell nicht offenkundig. Gesichert ist die Erkenntnis, daß er den Sieg vor den Rekord stellt. Gleichwohl redet Lewis auch über Zahlen. »Ich bin fähig, den 8,90-m-Weltrekord von Beamon zu brechen. Mein Coach bestätigt mir, daß ich 30 Fuß (9,14 m) im Weitsprung erreichen müßte. Über 100 Meter scheinen mir die 9,93 Sekunden von Smith auch auf Meereshöhe erreichbar. Und was die 200 Meter betrifft, so haben mir die kürzlich gelaufenen 19,75 Sekunden neue Perspektiven eröffnet«, erzählte er in diesem Sommer einem französischen Journalisten. Überall, wo Lewis auftritt, wird er verglichen mit Jesse Owens, dem er in der Tat nicht nur darin gleicht, daß er sich denselben Disziplinen widmet. Lewis und Owens – das ist auch ein Gleichklang des Stils. Dem Olympiasieger von 1936 sei er als Zehnjähriger einmal kurz vorgestellt worden. Und sein Vater habe ihm eigentlich alles über den vierfachen Sieger von Berlin erzählt. Es liegt also auf der Hand, daß er Owens nacheifern möchte: Aber sind vier Goldmedaillen 1984 in Los Angeles möglich?

Sport ist Thema Nummer eins in der fünfköpfigen Familie Lewis. Mutter Ellen war als Hürdlerin 1952 in der US-Olympiamannschaft, Vater Jim spielte Football, beide sind Sportlehrer im College von Willingsboro (Philadelphia). Bruder Mack sprintete (100 Yards in 9,7), Bruder Cleve gehörte einem Profi-Footballteam an. Schließlich Schwester Carol: Sie wurde bei der Weltmeisterschaft Weitsprungdritte mit 7,04 Meter. *M. G.*

Herren: 100 m, 200 m, 4 × 100 m

Dynamisch, kraftvoll,
aber immer elegant: Carl Lewis
war der Superstar in Helsinki
(Bild links).
Christian Haas, enfant terrible
des deutschen Sprints,
in triumphierender Pose:
Im 100-m-Finale erreichte er
einen guten sechsten Rang.

Herren: 100 m, 200 m, 4 × 100 m

rast sein Körper dahin. Erst ein Blick auf die langen, muskulösen, aber keineswegs unförmigen Oberschenkel verrät, woher der Speed nur kommen kann. Aufrecht fliegt Carl Lewis auch durch die Lichtschranke. Nur die Schulterblätter und die Arme nimmt er leicht zurück. Zehntelschindende Verrenkungen hat dieser Mann im Ziel nicht nötig. Gleichwohl, als Carl Lewis das 100-m-Finale vor seinen zwei Landsleuten Calvin Smith und Emmit King sowie den beiden Europäern Allan Wells (Großbritannien) und Christian Haas aus Fürth gewann, wirkte vieles gestelzt an ihm. Nicht sein Laufstil wohlgemerkt, doch der Lauf nach dem Lauf. Auf seiner Tour d'honneur, da trug er Selbstbewußtsein auf; so dick wie der Goldschmuck an seinem Körper bei seinen Spaziergängen im finnischen Athletendorf Otaniemi. An der linken Hand eine Rolex mit Brillanten, an der rechten ein ebenfalls mit Edelsteinen besetztes Goldarmband. Gold auch um den Hals – ein Vermögen wurde an die frische Luft geführt.

Als 100-m-Sieger vermittelte Carl Lewis den Eindruck, unnahbar zu sein, ein Halbgott in Schwarz, ein King, der vor sich niemanden duldet. Dies sei auch der Grund, weshalb er sich in den USA die Turboversion eines schnellen Gefährts made in Bavaria zugelegt habe. Da donnert er nun häufig durch Texas. Die Strecke Houston – Fort Worth, 430 km lang, die bewältigt Lewis in knapp drei Stunden. »Weil ich die Geschwindigkeit immer geliebt habe«, wie er behauptet. Neuerdings freilich fährt er zivilisierter durch die Gegend, der Polizei wegen, die ihn erwischte. »Ich habe meinen Preis zahlen müssen.«

Seine eher aufdringliche Art, das Publikum auf seine Seite zu ziehen, war wie weggeblasen nach dem Staffelrennen. Im Kreis seiner Kollegen, da schminkte er sich Hollywood ganz einfach ab. Und zum Vorschein kam ein viel umgänglicherer, natürlicherer Carl Lewis, ein junger, freundlicher Mann bar jeglicher Allüren, ein Sportler, der Verantwortung zu tragen gewillt war, ein Athlet, der sich verpflichtet fühlte drei anderen gegenüber.

Carl Lewis wußte, daß Staffelrennen amerikanischer Sprinter bisher meist Glückssache waren. Doch diesmal hatten sie zwei Wochen lang geübt. Lewis bestand auf dieser Übung, sicher nicht ohne Eigennutz, hingen doch seine auf drei Goldmedaillen ausgerichteten WM-Pläne entscheidend von reibungslosen Staffelwechseln ab. Tatsächlich trugen King,

Überschwenglich, aber auch ein bißchen patriotisch, feierten die US-Boys ihren Sieg in der 4×100-m-Staffel. Emmit King, Carl Lewis, Willie Gault und Calvin Smith (von links) stellten bei ihrem Superlauf einen neuen Weltrekord auf.

Herren: 100 m, 200 m, 4 × 100 m

Herren: 100 m, 200 m, 4 × 100 m

Gault und Smith den Stab traumhaft sicher hinüber zu Schlußmann Lewis – und liefen zusammen in 37,86 Sekunden Weltrekord.

»Ich bin ein harter Arbeiter«

Man erinnerte sich, wie der erfolgreichste Teilnehmer dieser WM beim Weltcup in Rom 1981 seinen ersten Auftritt auf der internationalen Leichtathletik-Bühne hatte. Wunderdinge waren ihm nachgesagt worden, ein neuer Jesse Owens sei er. Doch was war? Lewis zuckelte hinter dem Feld her. So um die 10,80 Sekunden muß die Zeit betragen haben. Der schwarze Amerikaner hat aus dieser Lektion dann viel gelernt, vor allem aber dies: Wenn du Sieger willst sein im entscheidenden Rennen, geh sparsam um mit deiner Kraft und sei fleißig. Nichts anderes hat der Amerikaner in der WM-Saison 1983 getan. Kein Tingeltangel vor Helsinki, kein Veranstalter in Europa vermochte ihn über den großen Teich zu locken, und waren noch so viele Scheine im Spiel. Carl Lewis trainierte und probte die WM bei den US-Meisterschaften in Indianapolis. »Viele Leute glauben, es käme bei mir alles nur vom Talent. Aber glaubt mir, ich bin ein harter Arbeiter.«

Den großen Handstreich, die Sache mit den vier Titeln, den hebt sich »Carl der Große« vermutlich für die Olympischen Spiele 1984 in Los Angeles auf, obwohl er sich diesbezüglich in Helsinki noch nicht festlegen wollte. Denn zwölf Starts innerhalb von neun Tagen, das könnte auch einem Giganten wie Lewis zuviel werden. Zuletzt geschafft – und bis heute nie erreicht – hat den vierfachen Sieg Jesse Owens 1936 in Berlin. Und einen zweiten Owens will vor allem die amerikanische Leichtathletik-Welt partout in Lewis sehen. Doch am Ende bleibt Owens einmalig. Für Carl Lewis ist er es schon jetzt. Würde er sonst sagen: »Er ist eine Quelle der Inspiration für mich.«

Von den neun Sprintmedaillen haben die Amerikaner sechs gewonnen und damit ihre Vorherrschaft in diesem Bereich einmal mehr dick unterstrichen: Alle drei über 100 Meter, Gold (Smith) und Silber (Quow) über 200 Meter und Gold in der Staffel. Übriggelassen haben sie nur den dritten Platz im 200-m-Finale. Er fiel an den bereits 31jährigen italienischen Weltrekordler Pietro Mennea, der bereits den Leistungssport ad acta gelegt und nur aus geschäftlichem Interesse noch einmal ein Comeback gewagt hatte. 31

Der Wechsel von Christian Haas (links) auf Jürgen Evers hat geklappt: Zusammen mit Werner Bastians und Andreas Rizzi liefen sie im Finale der 4×100-m-Staffel mit 38,56 Sekunden einen neuen deutschen Rekord und erreichten einen ausgezeichneten fünften Rang.

Der Weltmeister-Schuh von Helsinki.

Über 80% der ersten Leichtathletik-Weltmeister haben in Schuhen von adidas gewonnen. Zum Beispiel im adistar, der ihre Spurt-, Sprung- oder Drehkraft optimal in Geschwindigkeit, Höhe und Weite umgesetzt hat.

Der adistar '80 wiegt nur 100 Gramm.

Die 2-Material Nylonsohle mit dem integriertem Profilseitenteil gibt dem Athleten Bodenkontakt in jeder Phase der Abrollbewegung des Fußes und dadurch optimale Griffigkeit und Katapulteffekt.

Je nach Disziplin, Körpergewicht und Bodenbeschaffenheit kann der Leichtathlet die adistar '80 Variosohle mit Zapfenelementen und Stufendornen, individuell einstellen.

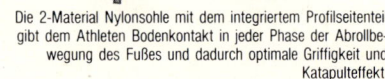 

Die Weltmarke mit den 3 Streifen

Herren: 100 m, 200 m, 4 × 100 m

Jahre ist auch der schnellste Nichtamerikaner über 100 Meter gewesen: Allan Wells aus Edinburgh, 1980 in Abwesenheit der Amerikaner Olympiasieger in Moskau.

Den Briten zu besiegen, um bester Europäer zu werden, war eines von drei Zielen, das sich der Deutsche Christian Haas für die WM gesteckt hatte. Die beiden anderen: 1. Das Finale überhaupt erreichen, 2. Platz vier, weil den auch sein Vater 1952 bei den Olympischen Spielen in Helsinki schon belegt hatte. Aufgegangen ist »nur« der Vorstoß unter die acht besten Sprinter der Welt. Haas wurde Sechster nach 10,32 Sekunden, was ihn unmittelbar nach dem Rennen furchtbar gewurmt hat: Da wollte er niemanden sehen und sprechen. Als die erste Erregung freilich verschwunden war, fiel es dem 25jährigen wie Schuppen von den Augen: »Ich bin ja blöd, mich über diese Plazierung nicht zu freuen.«

Schlimmer als einen Sack Flöhe hüten

Mal ehrlich? Wer hätte dem Fürther diesen Achtungserfolg zugetraut? Noch im frühen Sommer stand seine Laufbahn mal wieder auf der Kippe. Es hatte einmal mehr Krach gegeben mit dem Leichtathletik-Verband. Nur die Überredungskunst seines Trainers Herbert Stürmer bewahrte den jungen Mann vor übereiltem Entschluß: Haas wollte aufhören, so wie er 1982 aufhören wollte, als er nicht das Finale der Europameisterschaften erreichte. Daß Christian Haas bei der WM den Durchbruch zur Weltklasse endgültig geschafft hat, ist zwei Erkenntnissen zuzuschreiben: Der Fürther hat bei Hallenrennen im Winter festgestellt, daß er nicht nur ein »Vorneweg«-Läufer sein kann und daß es notwendig ist, auch passable 200-m-Rennen zu laufen. Danach kletterte er mit 10,16 auf einen Spitzenrang in der Weltbestenliste und blieb auf der doppelt so langen Distanz mit 20,46 Sekunden nur knapp über dem DLV-Rekord.

Rekord ist Haas in Helsinki auch mit der 4 × 100-m-Staffel gelaufen. In der lange umstrittenen Besetzung Werner Bastians (Leverkusen), Christian Haas, Jürgen Evers (Kornwestheim) und Andreas Rizzi (Mannheim) erreichte das Quartett als Endlauffünfter 38,56 Sekunden. Das war das Optimum dessen, was in Helsinki möglich war. In dieser Zusammenstellung trat die Nationalstaffel nur einmal auf. Schon beim Europacup eine Woche nach der WM fiel das Team auseinander. Rizzi ging wieder zurück zum Zehnkampf, und das große Talent Evers (18) wurde bei der Junioren-EM in Wien gebraucht.

Sprinter unter einen Hut zu bringen, hat einmal der bekannte Trainer Bert Sumser gesagt, ist schlimmer als einen Sack Flöhe hüten. Widersprochen hat Sumser selten jemand.

M. G.

Die Augen verzückt in den Himmel gerichtet: Er hat es geschafft, Calvin Smith hat seine Goldmedaille über 200 Meter, ist ein wenig aus dem Schatten von Carl Lewis getreten. Innocent Egbunike (Nr. 574) aus Nigeria wurde Sechster.

Herren: 400 m, 4 × 400 m

Hoch gelobt und tief gefallen

Unter der Last der Verantwortung, unter dem Gefühl, versagt zu haben, ist Willie Smith zusammengebrochen: Durch seinen Sturz in der 4×400-m-Staffel haben die US-Boys eine sichere Medaille verpaßt.

Herren: 400 m, 4 × 400 m

Kernsätze über den 400-m-Lauf: Für den Sprinter ist die Viertelmeile das gleiche wie für den Langstreckler der 42 Kilometer lange Wettkampf über die Landstraßen; die Rundbahn liegt so ruhig und harmlos da, wenn sie nur den Rahmen abgibt für einen Fußballplatz, aber sie wird für kurze Zeit zur tosenden See im Orkan, wenn man versucht, sie möglichst schnell zurückzulegen; die 400 Meter und die See haben noch eines gemeinsam, wenn man sich übernimmt: Der Magen wringt sich aus wie ein Putzlappen; der 400-m-Wettkampf selbst teilt sich in folgende Phasen ein: Schwung machen, segeln, durchstarten, anschleichen, trommeln, hämmern und rudern.

Gesagt hat dies, respektive geschrieben, einer, der es wissen muß: Karl (»Charly«) Honz, Europarekordler 1972 in 44,70 Sekunden und im selben Jahr Olympia-Teilnehmer. Der schwäbische Naturbursche war, als er so philosophierte, mit seinen Weisheiten freilich noch nicht am Ende. Honz schrieb auch noch dies: »Die menschliche Sprintkraft reicht etwa für 250 Meter. Ab dieser Distanz wird die Luft immer dünner und die Beine werden gefühlsmäßig immer dicker. Ein Läufer, der eben noch einen schnellen und federnden Schritt vorgeführt hat, wirkt nun, als hätte er in der zweiten Kurve die Stoßdämpfer verloren.«

So, nun sind wir da, wo wir hinwollten: Bei den bundesdeutschen 400-m-Läufern. Den Hochgelobten, vor dem Finallauf von Helsinki. Platz vier: Erwin Skamrahl aus Groß Ilsede in 45,37 Sekunden; Platz fünf: Hartmut Weber aus Kamen in 45,49. Und vor ihnen, den Hochgelobten, Bert Cameron (Jamaika), 45,05, Michael Franks, 45,22, und Sunder Nix (beide USA), 45,24. Eigentlich, so will man meinen, liest sich dies ganz gut. Wer wird bei einer WM schon Vierter und Fünfter? Viele Bundesdeutsche waren es nicht.

Doch damit ist der Kern nicht getroffen. Die Erwartungen, diese vermaledeiten, die waren ganz woanders angesiedelt. Zum Beispiel Skamrahl: Am 26. Juli läuft der Polizist aus dem Niedersächsischen auf der Bahn, auf der auch Honz den kontinentalen Rekord verbesserte, in München nämlich, mit 44,50 Sekunden Europarekord. Nur zwei waren bisher unter sogenannten Flachlandbedingungen besser, Juantorena (Cuba) mit 44,26 und Fred Newhouse (USA) mit 44,40 Sekunden. Für das Jahr 1983 besaß Skamrahl einen komfortablen Vorsprung von zwölf Hun-

Auch Staffel-Kamerad Edwin Moses vermochte den unglücklichen Willie Smith nicht zu trösten (oben). Das Entsetzen über seinen Fehler steht Smith trotz der aufmunternden Worte von Moses ins Gesicht geschrieben.

Herren: 400 m, 4 × 400 m

dertstelsekunden auf den nächsten, Bert Cameron. Skamrahl also, ein ganz heißer Tip.

Oder Hartmut Weber. Von all den Europäern, die sie in Betracht zu ziehen hatten, fürchteten die Viertelmeiler aus den USA und der Karibik ihn am meisten. Cameron: »Er läuft so locker, so losgelöst.« Zudem hatte sich auch herumgesprochen, daß nichts zu zählen hat, was Weber so alles läuft vor dem Saisonhöhepunkt. Man träfe hier auf einen Meister der Konzentration auf den Saisonhöhepunkt. Und immerhin, Weber war 1982 ganz überlegen Europameister geworden, stand mit 44,72 Sekunden zu Buche. Und dann sprach noch eine Erkenntnis für den Deutschen: Er galt als ausgesprochener Turnierläufer, als einer, der vier Starts braucht, um richtig ins Rollen zu kommen. Da rollte er dann dahin, wie programmiert: 45,74 in der ersten Runde, Sieger, 46,01 in der zweiten, Sieger, 45,61 in der dritten, Zweiter. Oder Skamrahl. Er spielte sogar in der Vorschlußrunde mit seinen Gegnern – und mit seinem Kopf. Achtmal in einem Lauf drehte er sich nach den anderen um, so als wollte er sagen, seht her, so leicht fällt mir das.

Es kam, wie es kommen mußte

Es war alles gerichtet. Die Medaillen lagen bereit zum Abholen, höchstens Cameron mußte als Spielverderber einkalkuliert werden. Von den Amerikanern, die bei Olympischen Spielen nach dem Zweiten Weltkrieg fünfmal siegten, sprach niemand, zumindest nur wenige im positiven Sinn. US-Journalisten boten noch Wetten an, daß weder Franks (19) noch Nix (21) überhaupt das Finale erreichen würden. Zu viel gelaufen »and only for bucks«, keinen Dollar seien sie deshalb wert, zu früh in Form gewesen, und die Besten wären gar nicht im Team.

Es kam, wie es kommen mußte. Skamrahl Vierter, Weber Fünfter, wie gesagt. Und mit einem Male hatten sie alle eine Erklärung für »den doch nicht vermuteten Einbruch unserer 400-m-Läufer« (DLV-Sportwart Otto Klappert). Zum Beispiel Weber: Er habe sich nie in die Form des Jahres 1982 hineinlaufen können, was zwei Umständen zuzuschreiben wäre: einer deftigen Angina im Frühjahr und zu hartem Training im Juli bei zu hohen Temperaturen. Vier Kilogramm Körpergewicht verlor der Kamener während der Hitzeperiode in Deutschland. Das sei kein Wunder, hat seine Mutter gesagt, »wo er doch sowieso ein schlechter Esser ist.« In dieser Zeit, als aus dem spindeldürren Weber ein Strich in der Landschaft wurde, gab es noch einen zusätzlichen Knacks: Die einer Deklassierung gleichkommende Niederlage gegen Skamrahl bei dessen Europarekord in München.

Weber also entschuldigt. Aber was war mit Skamrahl? Manfred Kinder, der Bundestrainer mit der großen Erfahrung, wähnte ihn erst in München und zuletzt nach dem Semifinale von Helsinki »über dem Berg.« Da erweckte Kinder zumindest nach außen hin den Anschein, als sei die lange gehegte Skepsis Skamrahls 400-m-Reife betreffend, verflogen. »Der Erwin ist nun doch ein Turnierläufer.« Und kein 320-m-Läufer mehr?

Selbst der Bundestrainer hat sich täuschen lassen. Im Endlauf war Skamrahl wieder ganz der alte und wie die Läufer selbst sagen, »platt wie eine Flunder«. Es muß an dieser Stelle nun eine Bemerkung einfließen, die von Skamrahl selbst kam nach den 44,50 von München. Der Polizist hatte da zugegeben, es könnte schwierig werden, bis zur WM mit diesem Münchner Ergebnis fertig zu werden. Traute sich der blonde Läufer am Ende selbst nichts zu, tat er nur immer so überlegen und selbstbewußt? Zur Pressekonferenz in München, da war er mit Trainer und Freundin vor die Heerschar der Presseleute getreten. Zur öffentlichen Befragung in Helsinki brachte er indessen nur noch eine enttäuschte Miene mit.

Noch am Abend des Schlußtages in der finnischen Hauptstadt kursierten Gerüchte, Skamrahl habe von der 400-m-Lauferei die Nase voll, kehre wieder zurück ins Lager der Sprinter, wo die Staffel angeblich bereits mit offenen Armen auf den Schlußmann des in Athen bei der EM mit Bronze dekorierten Quartetts wartete.

Und Sportwart Klappert deutete in seinem WM-Resumée an, die Besetzung der 4×400-m-Staffel sei neu zu überdenken. Denn, mein Gott Erwin, auch nach dem Finale dieses Wettbewerbs blickten sie scheel auf Skamrahl. Weshalb nun dies schon wieder? Sie hielten doch Silber in den Händen und hatten die Amerikaner besiegt?

Eine Dokumentation der Zeiten sämtlicher Läufer aus den drei schnellsten Teams und der favorisierten Amerikaner bringt Aufklärung über all das, was sich beim WM-Halali ereignete. Die links außen stehende Tabelle gibt darüber beredten Aufschluß.

1. UdSSR
Lowatschew	45,23
Troschilo	44,85
Tschernjetzki	45,65
Markin	45,06
ergibt	3:00,79

2. BR Deutschland
Skamrahl	46,42
Vaihinger	44,63
Schmid	45,76
Weber	45,02
ergibt	3:01,83

3. Großbritannien
A. Bennett	46,74
Cook	45,92
T. Bennett	46,46
Brown	45,21
ergibt	3:03,53

6. USA
Babers	45,64
Nix	44,87
Smith	50,65
Moses	45,13
ergibt	3:05,29

Herren: 400 m, 4 × 400 m

Zwei Asse, die nicht stachen: Hartmut Weber (Bild links) beim Start im 400-m-Finale und Erwin Skamrahl, der durch seinen kurz vor der Weltmeisterschaft erzielten Europarekord besonders hoch eingeschätzt worden war.

Selbstbewußt läuft Bert Cameron durchs Ziel. Der Mann von Jamaika war sich seiner Stärke bewußt – und im Gegensatz zu den deutschen Läufern (im Hintergrund Hartmut Weber) wurde er mit seiner Favoritenrolle fertig.

Herren: 400 m, 4 × 400 m

Herren: 400 m, 4 × 400 m

Skamrahl kam nur als Dritter zum ersten Wechsel, lief noch verkrampfter als im Einzelfinale, wirkte ausgepumpt und total verunsichert. Von diesem ersten Nackenschlag erholte sich die Staffel nicht mehr, trotz eines bravourösen Laufes von Jörg Vaihinger, der die beste Zeit des DLV-Quartetts erzielte. Da auch ein erfahrener Mann wie Harald Schmid keine Kraftreserven mehr hatte, und Hartmut Weber als Schlußläufer weder verlieren noch gewinnen konnte, wurde es wieder nichts aus dem ersten »echten« Sieg über die US-Boys. Warum das DLV-Team mit der silbernen Medaille ausgezeichnet wurde, ist ebenfalls der Dokumentation zu entnehmen. Willie Smith (USA) stürzte nach einer selbst verschuldeten Kollision mit Tschernjetzki.

»Wir sind alle enttäuscht«, formulierte Hartmut Weber für seine Kameraden. Und: »Alle waren kaputt«. Eine Alternative besaß Trainer Kinder nicht, zumindest zu dem Zeitpunkt, als die Staffel aufgestellt werden mußte. Da war auch noch Erwin Skamrahl einiges zuzutrauen. »Ich hatte nach dem Einzellauf mit ihm geredet«, berichtete Kinder, »hatte ihn beschworen, doch wenigstens in der Staffel die blöde Herumguckerei zu lassen.« Es ginge hier nicht um ihn, sondern auch um drei Kameraden. »Ich bin überzeugt, daß Erwin die Bronzemedaille wegen des ständigen Kopfdrehens verschenkt hat. Ich habe ihm empfohlen, es doch einmal mit mentalem Training zu versuchen, den genauen Ablauf seines eigenen Rennens vorher mehrmals durchzudenken. Es ist so schwer, aus Erwin etwas herauszubekommen, er frißt ja alles in sich hinein«. Mit Hartmut Weber sei es da einfacher. »Der teilt sich mit.«

Ein Geschenk also, dieses Silber. Die Leichtathleten reagieren da heikel und selten wie Fußballer, die einen Sieg nach miserabler Leistung gern mit den Worten kommentieren: Hauptsache, das Ergebnis stimmt. Nein, Manfred Kinder wird Helsinki wie gewohnt sorgsam analysieren und am Ende zu der Überlegung kommen, um Weber und den 20jährigen Nachwuchsmann Vaihinger (»Seine Zeit kommt erst noch«) eine neue Staffel zu formieren. Sicher wird ihr auch noch Harald Schmid angehören. 1984 einen dritten Versuch mit Skamrahl zu wagen, ist Kinder wohl zu riskant. Vielleicht taucht schneller ein vierter Mann auf, als der Trainer glaubt. »Der Athlet muß sich nur immer wieder ein Herz fassen, am besten eins von 1200 ccm« (Karl Honz).　　　　M. G.

Das Trikot zerrissen, aller Illusionen beraubt, Hartmut Weber am Boden zerstört: Der Mitfavorit über 400 Meter war nur Fünfter geworden. Kein Grund zur Resignation, einer wie er kommt bestimmt wieder nach oben.

29

Herren: 110 und 400 m Hürden

Die Leiden des Harald Schmid

Edwin Moses

Am 14. Mai 1983 lief Edwin Moses in Modesto (Kalifornien) die 400-m-Hürden als Sieger in 49,02 Sekunden. Es ist dies ein Ergebnis gewesen, das wahrlich nicht zu seinen besten zählt. Nichtsdestoweniger muß es als ein Meilenstein in der Karriere dieses großen Leichtathleten gewertet werden. Denn es wurde erzielt nach einer Pause von zwanzig Monaten. Eine schwere Lungenentzündung hatte ihn gezwungen, so lange auszusetzen. Weil es noch früh in der Saison war, bedeuteten 49,02 Jahresweltbestzeit. Anlaß genug für seine aus Berlin stammende Frau Myrella, das wie eine Erlösung wirkende Ereignis so zu kommentieren: »Edwin hat da wieder angefangen, wo er im Jahr 1981 aufgehört hat: An der Spitze der Weltrangliste. Es war so, als sei er nie weg gewesen.«
Gleichwohl hat die internationale Leichtathletik eine ihrer schillerndsten Persönlichkeiten vermißt. Moses (28), das ist Geschichte, Legende schon zu Lebzeiten. Seine außergewöhnliche Intelligenz, seine Bildung, seine Ausbildung (Physik, Mathematik und nun noch Medizin), sein ausgeprägter Individualismus ließen diesen Mann von jeher herausragen aus der Elite. Als Einzelgänger bekannt (»Ed hat unter den Leichtathleten nur einen Freund, den Dreispringer und Rechtsanwalt Willie Banks«, sagt Myrella), ging er immer den eigenen, unabhängigen Weg. Er führte bisher immer zum Ziel. Sportlich gesehen: Zu 85 Hürdensiegen in ununterbrochener Reihenfolge – ein Rekord, der seinesgleichen sucht, der aber noch auf 100 aufgestockt werden soll.
»Dies ist eines seiner verbleibenden Ziele«, verrät die Ehefrau. »Dann will er noch den Olympiasieg in Los Angeles und einen Weltrekord vom Ausmaß des Weitsprungs von Beamon!«
Moses lief viermal Weltrekord: 47,64 (1976), 47,45 (1977), 47,13 (1980) und 47,02 (1983). In Montreal gewann er Gold, und von den zehn besten Zeiten in der ewigen Bestenliste gehören ihm neun.

M. G.

Von unerschütterlichem Selbstvertrauen ist dieses Gesicht geprägt: Edwin Moses, Weltmeister über 400 m Hürden, Weltrekordler und seit dem 26. August 1977 ungeschlagen, kann seiner Zukunft gelassen entgegensehen.

Herren: 110 und 400 m Hürden

Herren: 110 und 400 m Hürden

Harald Schmid kann, wenn er mit dem Gesprächspartner auf gleicher Welle liegt, durchaus gesprächig sein. Nur wenn man das Thema auf Edwin Moses lenkt, wird er wortkarg. »Zu Moses sag' ich gar nichts. Der braucht mich nicht zu interessieren.« Obwohl er es nie wahrhaben will, geht eine merkwürdige Verwandlung in dem Deutschen vor, wenn er einen Wettkampf gegen den amerikanischen Supermann zu bestreiten hat. Das war in Helsinki nicht anders als bei neun vorausgegangenen Begegnungen mit dem Weltrekordler. Moses siegte in 47,50 Sekunden, der achtbesten Zeit seiner einmaligen Serie, und Schmid gab sich mit 48,61 unter Wert geschlagen, bestätigte somit den Eindruck, immer nur dann schnell und gelöst laufen zu können, wenn Moses nicht mit von der Partie ist. Bestes Beispiel:

Harald Schmid, erschöpft und enttäuscht. Der Europameister wurde in Helsinki weit unter Wert geschlagen.

Der EM-Sieg 1982 in Europarekordzeit von 47,48 Sekunden. Aber auch die fünf sich anschließenden Ergebnisse wurden ohne Moses' Gegenwart erzielt.

»Ich bin zwischen der siebten und achten Hürde vom 13er Rhythmus in den 14er 'reingekommen. Da kannst du in einem Feld wie diesem nichts mehr korrigieren«, erläuterte Schmid die Schlüsselstelle des Finales. Es sei ein Konzentrationsfehler gewesen. War es das wirklich, respektive hieß die Ursache für diese Gedankenlosigkeit am Ende nicht doch Moses? Der Amerikaner hat im Interview gesagt: »Ich habe das Rennen ab der siebten Hürde unter Kontrolle gehabt.« Das wäre der Beweis. Als Moses die Vorentscheidung erzwang, beging Schmid den Fehler, der ihn hinderte, seine wahre Klasse zu demontrieren.

An einem Mann wie Moses darf indes selbst ein As wie Schmid scheitern. »Der ist zu clever«, weiß der Hesse. »Der wäre nur zu besiegen, wenn er ständig läuft.« Und eben den Gefallen tut Moses seinen Kontrahenten nicht, hat er doch bis zu den Spielen 1984 nur dies im Sinn: Unbesiegt zu bleiben (letzte Niederlage am 26. August 1977). Diese Serie nämlich ist Bargeld, trägt dazu bei, daß ihn die Veranstalter in die höchste Honorarkategorie einordnen, zur Zeit gleich hinter Carl Lewis.

Harald Schmid stellten sich aber nicht nur Edwin Moses in den Weg – er hat und hatte auch mit anderen Problemen zu kämpfen. Im August 1981 z. B. zog er sich eine Leberinfektion zu, Hepatitis B, Gelbsucht. Ein Vierteljahr mußte er damals ganz mit dem Training aussetzen – wieviel Substanz ihn das gekostet hat, wird sich wohl nie mehr feststellen lassen. Aber damals kamen dem sonst immer so optimistischen, wenn auch eher zurückhaltenden Athleten, leise Zweifel. »Ja, Zweifel habe ich da plötzlich gehabt, Zweifel in meine Möglichkeiten. Immer war ich so von mir überzeugt – und dann kommt da so ein winzig kleiner Bazillus, und zack, alles ist aus. Da beginnst du plötzlich zu begreifen, daß es soviel wichtigere Dinge gibt als Sport, du beginnst Dinge zu sehen, die vorher in deinem Leben keine Rolle gespielt haben!«

Sicher, das ist schon eine ganze Zeitlang her, aber die Zweifel, stecken die vielleicht nicht immer noch in ihm? Und in diesem Jahr hatte der »Harry« von der Ronneburg auch nicht gerade ideale Bedingungen für die Vorbereitungen auf die Weltmeisterschaft. Denn sein Studium als Sportstudent forderte ihm eine

Herren: 110 und 400 m Hürden

**Geballte Kraft
aus muskulösen Oberschenkeln.
Die weltbesten Hürdenläufer,
Harald Schmid (links)
und Edwin Moses im Finale,
das der Amerikaner
sicher für sich entschied.**

ganze Menge ab. Ein Zehnkampf stand da auf dem Programm und im September hatte er sich der rhythmischen Sportgymnastik zu widmen. »Ich muß halt sehen, daß ich auch in meiner Ausbildung weiterkomme. Ich habe mich konzentriert auf Helsinki vorbereitet, aber auch mein Studium nicht vernachlässigt. Umso mehr Zeit habe ich jetzt nämlich, um ganz gezielt auf die Olympischen Spiele in Los Angeles hinzuarbeiten!«
Und trotz der scheinbar klaren Überlegenheit des Edwin Moses sieht er sich gegen ihn nicht als vollkommen chancenlos.
Seine Siegeszeit bei den Europameisterschaften in Athen (47,48) hätte in Helsinki sogar gereicht, um Moses in die Knie zu zwingen. Freilich, nur eine theoretische Zahlenspielerei.

Denn wie überlegen Moses seinen Gegnern ist, stellte er am 30. August 1983 noch einmal ganz ausdrücklich unter Beweis: In Koblenz erzielte er mit 47,02 Sekunden einen neuen phantastischen Weltrekord. Und machte sich damit an seinem 28. Geburtstag selbst das schönste Geschenk.
Obwohl gleichfalls ein Meister seines Fachs, wird sich der zweite amerikanische Hürdensieger, Greg Foster, schwer tun, die Güteklasse von Ed Moses zu erreichen. Von einem Arto Bryggare unter Druck gesetzt, verriet Foster Schwächen. Er strauchelte über die Hindernisse acht und neun, wurde 110-m-Hürdensieger nur dank akrobatischer Auffangkünste. Und Bryggares Silber würdigten die Fans auf den Rängen, als sei es Gold. *M. G.*

Herren: 800 m, 1500 m

»Williii!« oder von der Lust am Laufen

Willi Wülbeck

»Ehrgeiz und Wille«, gehörten zum Leistungssport, unbedingt, und weil Willi Wülbeck gut weiß, daß er mit diesem Allgemeinplatz nicht eine einzige graue Gehirnzelle in Bewegung setzen kann, hängt er halt noch seine persönliche Note dran: »Aber auch eine Portion Unzufriedenheit muß mit im Spiele sein.«

Daß er bei der Stange blieb über all die Jahre? Er hatte schon 1973 dem späteren Olympiasieger und Weltrekordler Steve Ovett, »Steve Wonder«, einen Kampf auf Biegen und Brechen angeboten, und 1977 hatte er noch Sebastian Coe besiegt. Danach zogen sie ihre eigenen Kreise, und Wülbeck grübelte darüber nach, warum all seinen frühen Wegbegleitern der Sprung in die Weltelite gelang, nur ihm nicht.

Er hörte nicht auf zu grübeln als Hans-Peter Ferner Europameister wurde, in Athen '82. Dieses Ereignis traf ihn im Kern, dort, wo sich Herz und Schmerz in trister Nachbarschaft eng verbunden fühlen.

Die sportliche Zukunft würde, es fiel wie Schuppen von den Augen, bald an ihre von der Zeit gesetzten Grenzen stoßen. Da begann schon eine Uhr abzulaufen. »Positiv denken« schrieb er sich aufs selbstverzierte Panier. Zickzack-Willi ist er – halb im Scherz, halb im Ernst – genannt worden. Auch wenn es schwerfällt: die gerade Linie ist zu suchen. Kurven, bitte schön, weist sein Metier immer noch insgesamt vier auf.

Den zehnten deutschen Meistertitel in Bremen feierte er schon wie ein Weltmeister! Es war ein Ausbruch von Lebensglück, herausgeholt aus den Tiefen seiner Psyche. Wülbeck ging aus seiner Haut, er legte seine Gefühle offen. Schaut her, nur gemeinsame Freude macht stark. Und die gemeinsame Freude war ja auch fast immer da. Die Massen liebten ihren »Williii«, sie standen zu »ihrem« Jungen aus dem Kohlenpott, der zwar kompliziert zu seiner eigenen Persönlichkeit stand und steht, dessen Offenheit aber immer ankommt. *R. H.*

Das ist sie, die Goldmedaille! Seht her, ich hab's geschafft. Ein befreites Lächeln auf den Lippen, den Lohn für jahrelange Strapazen fest in der Hand – pardon im Auge – Weltmeister Willi Wülbeck.

Herren: 800 m, 1500 m

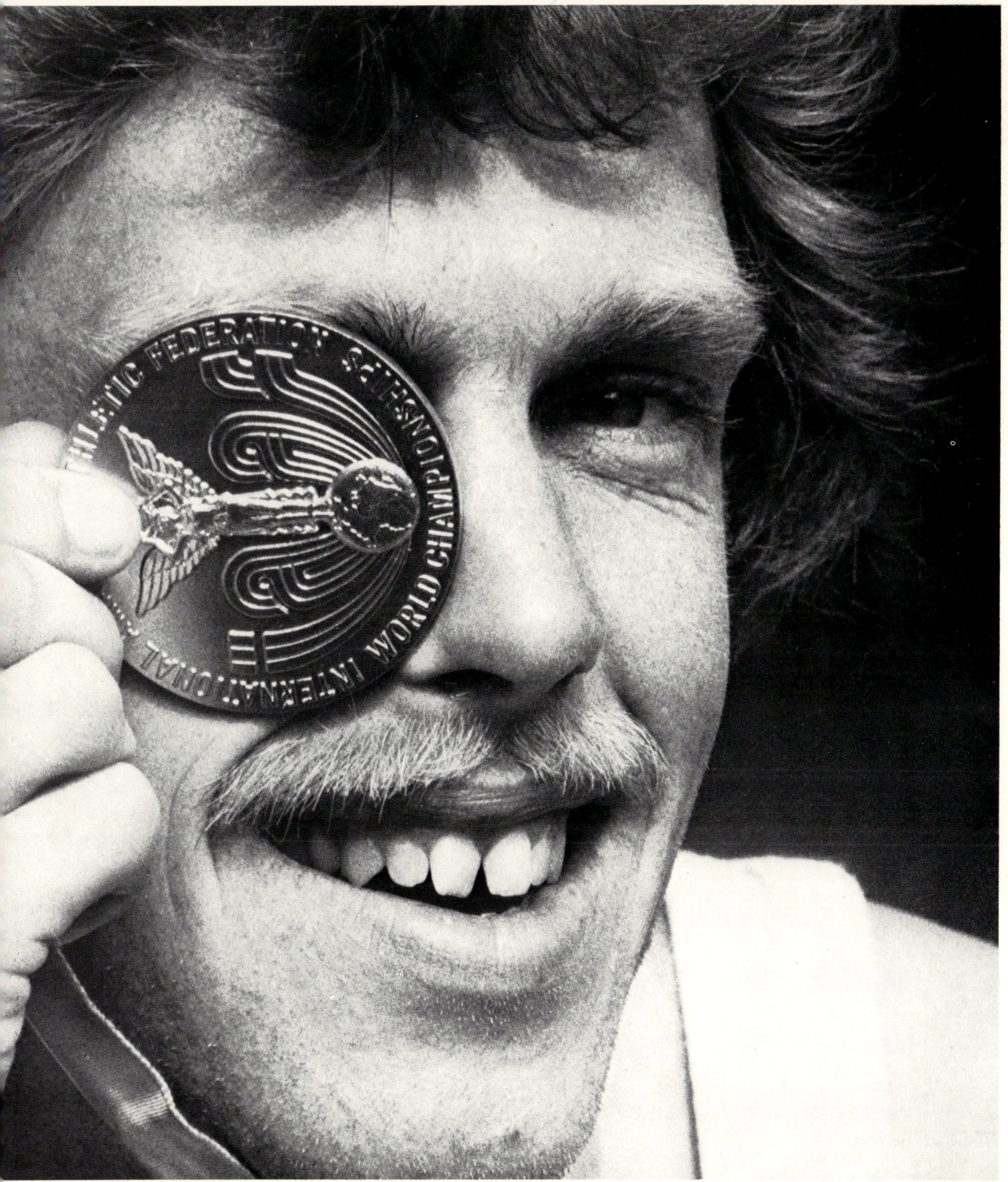

Herren: 800 m, 1500 m

Willi Wülbeck hatte noch zwanzig Meter zurückzulegen, als er unser Blickfeld erreichte. Die Augen waren jetzt halb verschlossen, und in dem von einem dünnen blonden Bart überwucherten schmalen Gesicht zeigte sich der Schmerz der letzten Anstrengung. Und je näher er dem Ziel entgegenspurtete, je näher er uns kam, um so deutlicher erlebten und sahen wir seine Sehnsucht, das nahe, rettende Ufer jetzt endlich zu erreichen.

Vielleicht trägt uns auch nur in der rückwärts gerichteten Schau die dem Heldenhaften so geneigte Sprache der französischen Sportzeitung »L'Equipe« davon, und wir erliegen einer Sinnestäuschung?

»Es war eines der aufregendsten 800-m-Rennen in der Geschichte, von vollendeter Schönheit.« Die schwelgerischen, grenzüberschreitenden Journalisten aus Paris bauten dem Willi Wülbeck einen Sockel und stellten ihn darauf, als sei er einer der ihren. Sie vergaßen nicht, darauf hinzuweisen, daß Rudolf Harbig einer der Großen auf der Zwei-Runden-Strecke war, vor dem Zweiten Weltkrieg, sie hielten fest, daß noch nie ein bundesdeutscher Läufer eine internationale Meisterschaft auf dieser Distanz gewonnen hatte, obwohl auch schon Schlagzeilen gezimmert wurden, in denen die 800 Meter die deutsche Strecke genannt wurde.

Der 800-m-Endlauf in Helsinki war von einer erlesenen Schlichtheit. Die zwei jungen Wölfe Joaquim Cruz aus Brasilien und Peter Elliott, beide erst 20 Jahre alt, suchten ihren Vorteil in einer geordneten Flucht nach vorne. Nach der Startkurve – wenn die acht Kandidaten ihre abgesteckten Bahnen verlassen und die Innenbahn ansteuern – sprintete der Europameister Hans-Peter Ferner von außen, Bahn sieben, zu den beiden Enteilten hin. Der Ingolstädter schloß damit die Lücke nicht nur für sich, sondern auch für Willi Wülbeck, der indessen noch sehr sachte seine schon von Vor- und Zwischenlauf angezapften Energien verströmte.

Nach 350 Metern tauschten die zwei vorne ihre Plätze, nach 400 Metern blieb die Uhr bei 50,58 Sekunden stehen, fünfzig Meter weiter zog Wülbeck an Ferner vorbei, und im folgenden spielte der Oberhausener weiterhin die Reife seines Jahrgangs 1954 aus, indem er in Ruhe seinen Auftritt abwartete. In der Zielkurve bereitete er ihn vor, indem er leicht aufschloß, und sein Antritt in die letzte Gerade hinein trug ihn sofort weg, während hinter ihm der Holländer Rob Druppers seinen Spuren folgte und noch Cruz das Silber wegschnappte. Ferners Rennen war es nicht gewesen, er wurde Siebter.

»Williiii!« Der neue Weltmeister! Die über tausend deutschen Schlachtenbummler feierten mit. Ein urdeutscher Vorname auf der deutschen Strecke als Schlachtruf? Aber geh', als Anfeuerungsruf! Dieses »Williiii« hat, sofern es Wülbeck galt, noch nie teutonisch geklungen. Wenn das Volk auf den Rängen losschreit, entkrampft es sich, ein Blick in die Gesichter in der Menge genügt zur Beweisführung.

Wülbeck wird geliebt, wie jeder sich selbst liebt, voller Verständnis für die tausend schwachen Augenblicke im Leben; aber der

Total erschöpft, das nahe Ziel vor Augen, mit letztem Einsatz kämpfend, quält sich Willi Wülbeck ins Ziel. Vor dem Holländer Rob Druppers (Nr. 414) und Joaquim Cruz (Nr. 75) siegt er im 800-m-Finale, sorgt für eine der größten Sensationen.

Herren: 800 m, 1500 m

schöne Glorienschein der ehrlichen Zahlen soll an diesem Dienstagabend ebenfalls aufleuchten.

1:43,65 Minuten erzielte der 28 Jahre alte Mittelstreckler. Das war eine Sekunde unter seinem bisherigen bundesdeutschen Rekord aus dem Jahr 1979. Neue Jahresweltbestzeit, die bisherige hatte der Brite Sebastian Coe gehalten, der Weltrekordler, der nach vier Niederlagen in fünf Rennen fassungslos eine Woche vor der WM aufsteckte.

In Helsinki hat niemand an dieses Thema gerührt. Der Name Coe wäre nur ein Reizwort gewesen, geeignet, das ungetrübte Fest zu stören. Wülbeck ist im Finale in der Tat sein eigener Hausherr gewesen. An drei Tagen lieferte er diese Zeiten ab: 1:46,55, 1:46,21 und die 1:43,65 Minuten. Diese Trilogie zeugt von einem stocksoliden Unterbau. »Ich habe im Winter auch bewußt auf Ausdauer trainiert«, erzählte er.

Der Titel ist kein Zufall, er hat seine Geschichte, die lang und kompliziert ist wie zum Beispiel das finnische Wort für Ziel, das die Tageszeitung »Helsingin Sanomat« traumwandlerisch sicher in ihrer Schlagzeile mit dem Namen des Deutschen verband: »Willi Wülbeck pääsi vihdoin päämääräänsä« – was so viel heißt wie: nach langem Weg endlich am Ziel.

Schnell hat er sich erholt, der neue Weltmeister. Und er genießt seinen Triumph in vollen Zügen. Mit hochgereckten Armen läßt er sich feiern.

Herren: 800 m, 1500 m

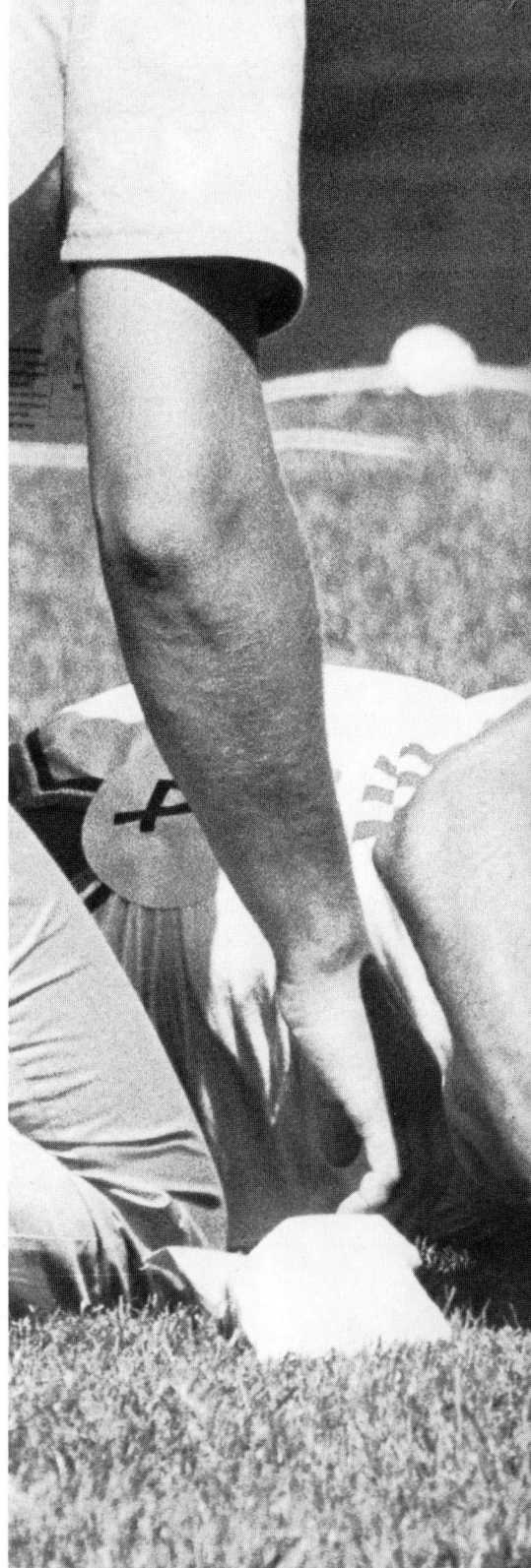

Mit schmerzverzerrtem Gesicht windet sich Alberto Juantorena am Boden (großes Bild). Beim Zieleinlauf in einem Vorlauf trat der Kubaner auf die Bahnumrandung, riß sich die Bänder. Erst auf der Bahre scheint »El Cavallo«, das Pferd, wie sie ihn nennen, zu begreifen, was ihm zugestoßen ist. Weinen, Fassungslosigkeit und Entsetzen prägen das Gesicht des Doppel-Olympiasiegers (Bildleiste links).

Herren: 800 m, 1500 m

Herren: 800 m, 1500 m

Er hat die Einmaligkeit von zehn bundesdeutschen Meistertiteln auf den 800 Metern, hintereinander, in Szene gesetzt. Aber international betrachtet findet sich unter der Lupe allein eine Silbermedaille, schon 1973 bei den Junioren-Europameisterschaften erworben. Olympiavierter 1976, Achter der Europameisterschaften 1974 und 1982. 1978 in Prag hätte er auch schon gewinnen sollen – so wie er es beim Europapokal-Endkampf 1977 in Helsinki tat – aber er verirrte sich im Bauch der Tribüne und die Sportwelt lachte ihn aus.

Auf und ab. »Wenn man Erfolg hat«, sagte er am Morgen nach dem Triumph, »sollte man ihn ein bißchen feiern.« Er hat schon zu viel gesehen, der Williiii. Und die Zeiten ändern sich manchmal schnell. Coe fehlte, Ovett wurde nur Vierter über 1500 Meter, und Alberto Juantorena, der wiederaufgestandene Koloß aus Kuba, stürzte schon im Vorlauf, als er lässig und unaufmerksam über die Innenkante der Bahn austrudeln wollte, dabei jedoch stolperte und sich im linken Fuß alle Bänder abriß. Seine Olympiasiege von 1976 über 400 und 800 Meter sollten keine Ergänzung erhalten.

Während sie alle ihre Trauer trugen, hob »L'Equipe« den würdevollen Satz in ihr Blatt: »Nichts ist moralischer als die Geschichte des Willi Wülbeck.«

Nichts ist vergänglicher als Ruhm

Am Morgen nach dem Sieg saß er, umringt von Journalisten, auf einem Stuhl, den sie vor den Wohnblock 7b draußen im Athletendorf Otaniemi hingestellt hatten. Ferner tauchte auf, und Wülbeck rückte ein Stück zur Seite, so daß beide ihren Platz fanden. Geteilte Freude, geteiltes Leid. Die Spruchweisheit wurde sinnfällig. Erst elf Monate vorher waren ihre Rollen umgekehrt verteilt gewesen. »Wenn ich neben Hans-Peter herging, war ich mehr oder weniger sein Schattenmann. Mich hat das nicht gestört, das ist normal. Der Satz, nichts ist vergänglicher als der sportliche Ruhm, war mir schon vor zehn Jahren klar.« Willis Worte wie für das goldene Buch.

Seinen 72 Jahre alten Trainer Hans Raff trafen wir zwei Tage später. Er saß auf einer Parkbank am See, der nahe dem Olympiastadion liegt. Die Familie Wülbeck feierte gerade den Erfolg, das Restaurant lag nur hundert Meter von der Bank entfernt, aber der Lärm erreicht hier den alten Weisen nicht mehr. Er las Zeitung und genoß den Tag. Der Laiendarsteller eines Zimmertheaters ruderte auf einem alten Kahn vorbei, offenbar gehörte diese Einlage zum Stück, das sie gerade spielten.

Der Gegensatz zur Welt der Verkleidung und der Schminke hätte größer nicht sein können. Raff und sein Schützling haben der Natur im Sportler immer nachgespürt. »Der Willi«, sagte er, »kann noch sechs Jahre auf seinem jetzigen Leistungsstand weitermachen. Ich habe schon vor zehn Jahren den Veranstaltern gesagt, behaltet nur eure 200 Mark für ein Rennen. Ich lasse mir dieses Talent nicht kaputtmachen. Man muß doch weitersehen.«

Wieder zehn Tage weiter gewann der Weltmeister in London beim Europapokal seinen 800-m-Lauf. Müde vom Feiern, hatte er sich noch einmal zusammengerissen. »Ich denke jetzt darüber nach, wie ich mit dieser Bürde, Weltmeister zu sein, fertig werde«, erzählte er und schlug wieder ein neues Kapitel des Buches Wülbeck auf. »Ich darf mich nicht unter Druck setzen lassen. Ich muß mir den gleichen Gefallen am Laufen und Wettkampf erhalten, wie ich ihn in meiner Jugend hatte.« Eine neue Sehnsucht hat die alte schon abgelöst.

Mr. Cram, bitte übernehmen Sie!

»The big guns.« So umschreiben die Briten das Wort von den Superstars. Die großen Gewehre in der Leichtathletik sind die Meilenläufer, und wenn sie weißer Hautfarbe sind, Englisch ihre Muttersprache ist und sie bei den Weltereignissen den Taktstock selbst in die Hand nehmen können, dann mögen sie schon mal galoppierenden Geldschränken gleichen.

Alles, was flotte Beine hat, in denen sich schnelle und ausdauernde Muskeln in höchster Vollendung einander ergänzen, drängt zu den reichlich gefüllten Futterkrippen. Logisch, daß in Helsinki kein anderer Wettbewerb derart übervölkert war mit Assen wie der 1500-m-Lauf.

Aber heute, nachdem der »Grand mit Vieren« ausgespielt ist, bleibt in der Erinnerung nur noch ein flüchtiger Eindruck haften. In den Vor- und Zwischenläufen waren die Tempoläufer reihenweise abgedrängt worden, das war die Krux. Denn übrig blieb nur noch eine stattliche Versammlung von Läufern, die einträchtig ihr Spurtvermögen als königlich bezeichnen würden.

Ein nachdenklicher Steve Ovett. Einer der ganz großen Läufer der vergangenen Jahre wurde über 1500 Meter nur Vierter – eine herbe Enttäuschung für den Engländer, der aber nach der Weltmeisterschaft mit einem neuen Weltrekord unter Beweis stellte, daß mit ihm doch noch zu rechnen ist.

In 65,02 Sekunden ging es durch die erste Runde, in 2:07,76 Minuten durch die zweite. Sogar Frauen mit Mary Decker an der Spitze des Zuges waren schneller unterwegs gewesen. Zu solchen Rennverläufen stellt sich stets die Feststellung ein: Nur der Sieger hat recht.

Der Sieger hieß Steve Cram und ist, fürs weitere Geschäft glücklicherweise, ein Engländer. Dem scharf gesetzten Antritt des kleinen Marokkaners Said Aouita 450 Meter vor dem Ziel war er mit einer weiteren Temposteigerung eingangs der letzten Kurve begegnet. Der 22 Jahre alte Europameister wickelte in aller Ruhe Meter um Meter sein taktisches Konzept ab.

Hinter ihm hatte der höher gewettete Amerikaner Steve Scott eine Schrecksekunde lang zu spät reagiert, wohingegen Olympiasieger Steve Ovett – zusammen mit Coe der Krösus der Strecke zwischen 1977 und 1981 – in den hinteren Regionen tändelte, als vorne die Post abging. Allerdings – wenige Wochen nach der WM lief er mit 3:30,78 neuen Weltrekord.

Kaum jemand mochte ihrem Hader noch zuhören, plötzlich gab es Wichtigeres zu tun im Stadion. Aoutia giftete gegen sich selbst: »Ich hätte eher spurten sollen.« Scott: »Mein Plan, nach 1200 Metern vor zu gehen, ging nicht auf.« Ovett hatten wir schon. Cram: »Es lief bestens.« Selbstverständlich. Seine Schlußrunde legte er in 52,0 Sekunden zurück.

Die Siegerzeit von 3:41,59 Minuten war in den Vor- und Zwischen-Entscheidungen einundvierzigmal unterboten worden. Im Finale ging es nur noch darum, die letzte übriggebliebene Spreu vom besten Weizen zu trennen. »King Cram«: Der Londoner Fleetstreet-Journalismus stellte sich schnell um.

Hatte es nicht einmal das Traumrennen Coe-Ovett gegeben, geplant als Millionen-Dollar-Ding? Doch, es sollte im Sommer 1982 in Nizza, London und Eugene über die Bühnen gehen. Wegen Krankheits- und Verletzungsfällen der Hauptdarsteller fiel es damals aus.

Mr. Cram, bitte übernehmen sie. Dies ist der 1500-Meter-Lauf der Welt. *R. H.*

Herren: 5000 m, 10 000 m

Thomas Wessinghage: »Das muß man akzeptieren«

Es hat nicht sollen sein: Enttäuscht läuft Thomas Wessinghage ins Ziel. Sein sechster Platz im 5000-m-Finale entsprach auch seinen eigenen Erwartungen nicht. Am Boden der erschöpfte Finne Martti Vainio, der mit einem verzweifelten Sprung ins Ziel die Bronzemedaille rettete.

Herren: 5000 m, 10 000 m

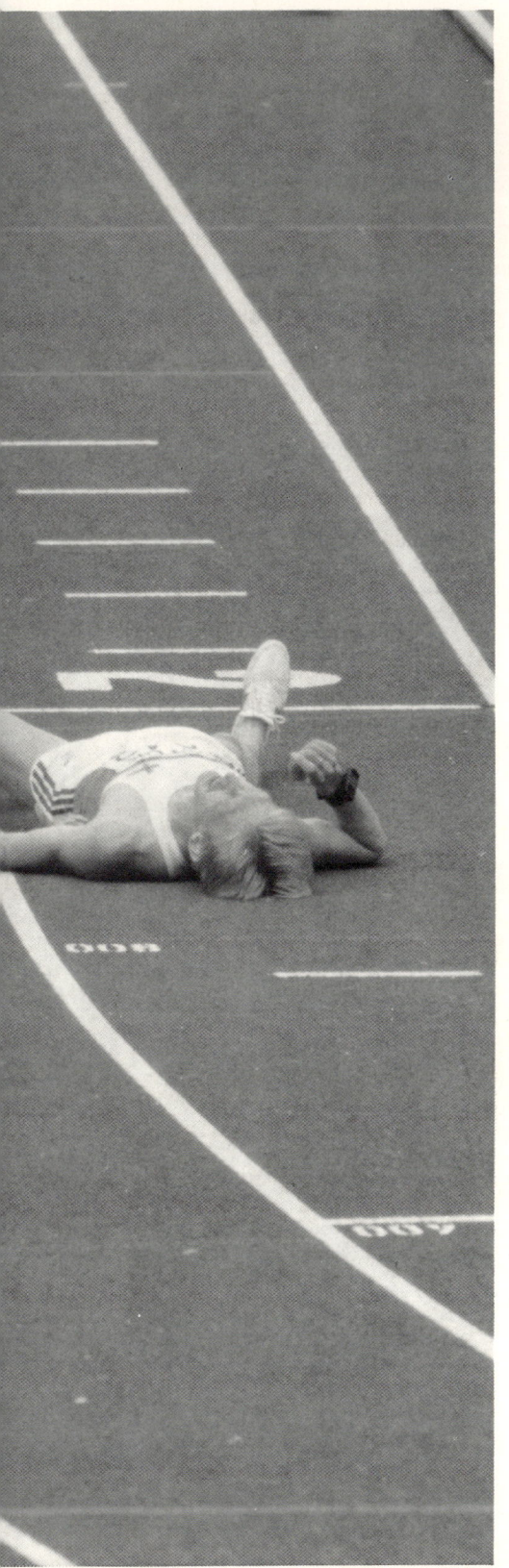

Der erste Eindruck täuscht. Nicht Werner Schildhauer (Nr. 377) aus der DDR hat im Finale über 5000 Meter gesiegt, sondern Eamonn Coghlan (Nr. 442), dessen Freude dagegen eher verhalten wirkt.

Was war es, was hätte sich Thomas Wessinghage vorwerfen können? Der sechste Platz im 5000-m-Lauf konnte den Europameister ja nicht zufriedenstellen. Wenn die großen Tenöre singen, steht der 31 Jahre alte Arzt sonst in der ersten Reihe, und noch fünf Wochen vor dem mißlungenen WM-Auftritt hatte er im Bislett-Stadion von Oslo den siebentausend Zuschauern durch den Lautsprecher zugerufen: »Wenn Sie hier die Finger kreuzen, wird es schon klappen in Helsinki.« Optimismus braucht sich niemand vorwerfen zu lassen. Aber sonst? Eigentlich nichts. Wessinghage hatte sich von November bis Mitte Mai im klimatisch günstigen Klima von Kalifornien aufgehalten. Er hatte seine Familie mitgenommen, ein Haus gemietet, sich in der Orthopädie weitergebildet, so daß er nicht ständig »an den nächsten Endlauf zu denken brauchte«.

Wieder im europäischen Sommer, war er keinem harten Rennen aus dem Wege ge-

43

Herren: 5000 m, 10 000 m

Das dramatische Finish im 10 000-m-Lauf: Während Sieger Alberto Cova aus Italien euphorisch die Arme hochreißt, steht den geschlagenen DDR-Athleten Werner Schildhauer (Nr. 377) und Hansjörg Kunze die Enttäuschung ins Gesicht geschrieben.

gangen, er wiederholte den gleichen Wettkampfrhytmus, der ihn ein Jahr davor wie selbstverständlich auf den Gipfelpunkt seiner Laufbahn geführt hatte.

Es ist unbefriedigend, sich nichts vorwerfen zu können, oder? Man hängt in der Luft und flattert von einer Frage zur anderen...und tut gut daran, irgendwann das Unvermeidliche hinzunehmen. Einfach zu akzeptieren. Wessinghage gewann die 5000 Meter beim Europapokal-Endkampf in London. Seine Muskeln waren dort locker, wo sie in Helsinki kein Blut mehr durchließen. Der Sprung nach vorn stellte sich eine Woche zu spät ein.

Dies sind die Unwägbarkeiten, welche die glorreiche Ungewißheit des Sports ausmachen. Glorreich? Auf dem Rücken irgendeines Sportlers muß der Triumph des Siegers ja ausgetragen werden.

Weltmeister wurde, nachdem der bisher unbekannte Dimitri Dimitriew einen fürchterlich langen Spurt über 900 Meter hinweg angezogen hatte, der 31 Jahre alte Ire Eamonn Coghlan, eher bekannt als Meilengenie bei den amerikanischen Hallenmeetings. Der erste Platz bescherte ihm seine erste internationale Medaille, so oft er auch 1976 in Montreal und 1980 in Moskau Mitfavorit bei Olympischen Spielen gewesen sein mochte.

Hier tat er plötzlich so, als seien Siege auf der höchsten Ebene neckische Katz-und-Maus-Spiele. Den Westdeutschen wußte er seit seinem Durchschalten in den zweithöchsten Gang 350 Meter vor dem Zielstrich schon abgeschlagen. Er folgte Dimitriew leichten Herzens, und als er ihn passierte, um die große Parade vor der Haupttribüne abzunehmen, blickte er ihm von der Seite her aufreizend ins Gesicht und redete auf ihn ein.

Herren: 5000 m, 10 000 m

Sollte jetzt nicht die Sinnfrage nach dem inneren Wesen eines Gentleman gestellt werden?
Coghlan zündete noch schnell einen kleinen Nachbrenner, und weg war er. Die Siegerzeit betrug 13:28,53 Minuten, den letzten Kilometer durchmaß er durchaus königlich in 2:24,76 Minuten.
Hinter ihm überschlugen sich ab 4997 Meter noch einmal die Ereignisse. An dem verdutzten Russen drückte sich zuerst Werner Schildhauer aus Halle vorbei, und auf den letzten Drücker kam im verzweifelten Hechtsprung auf Hüfthöhe auch noch der Finne Martti Vainio angeflogen. Keine 15 Zentimeter trennte das den letzten Tropfen opfernde Trio. Für Dramatik war gesorgt.
Schildhauer feierte sein Silber, es war sein viertes, das er sich in Athen und Helsinki erworben hatte. Allerhand für den Dynamo, dessen in die Wiege gelegten Gaben von seinem Trainer Walter Schmidt mal mit »Untalent« beschrieben worden waren. Bei Schildhauer reimt sich aber auch alles zusammen: Fleiß, Schweiß und Preis.

Kleine grüne Männchen ohne Luft

Die Europäer im 10 000-m-Finale wußten, was sie von sich zu halten hatten. Aber wie würden die kleinen grünen Männchen dazwischenfunken, die Leichtgewichte aus Äthiopien? Der doppelte Olympiasieger Miruts Yifter war nur noch in der Delegation mitgereist, als Fachmann des langen Atems, auch als Glücksbringer. Wohl sollte er Mohammed Kedir und Bekele Debele auf die seit Jahren praktizierte Taktik einschwören.
In den Anfängen des Rennens unternahmen die zwei auch hin und wieder die erwarteten Temposteigerungen, doch trauten sie sich offenbar selbst nicht über den Weg. Ihr Wagemut versteckte sich dann bald in einem dichten Pulk, aus dem lediglich der Portugiese Fernando Mamede und Alberto Salazar schon herausgefallen waren.
Der Hallenser Werner Schildhauer zog schließlich als Erster aus einem zwölf-köpfigen Rudel heraus, 450 Meter vor dem Ziel, wie vom Katapult geschleudert los. Das wollte sich der Elektronik-Facharbeiter nicht noch einmal nachsagen lassen: daß er wie bei den Europameisterschaften '82 leichtfertig und -sinnig auf einen zu kurzen Sprint setzen und verlieren würde. Und das niedrige Profil, mit dem ihn damals der unauffällige Italiener Alberto Cova in Sicherheit gewiegt hatte, kannte er inzwischen zu gut, um noch darauf hereinzufallen.
Der Umkehrschluß hieß: Den Gegner zum Offenbarungseid zwingen! Schildhauer rannte los, als sei der Leibhaftige hinter ihm her, und sein Landsmann Hansjörg Kunze schloß sofort zu ihm auf, und damit war allerdings die Lücke zwischen Vordermann und Pulk wieder notdürftig geschlossen.
»Offen bleibt die Frage«, hob am nächsten Tag das »Deutsche Sportecho« aus Ostberlin den Zeigefinger, »was geschehen wäre, hätte der Rostocker nicht als erster das bei 9600 Meter aufgerissene Loch zwischen Schildhauer und dem Feld zu stopfen versucht. Wie bei der Rad-WM 1960 auf dem Sachsenring Schur für Eckstein bremste, so lief dieses Rennen nicht...« Kunze mußten die Ohren klingen.
Schnauzbart Cova wird von seinen Landsleuten als organisiert, ruhig und zurückhaltend geschildert. Er ist ein Lombarde aus dem Norden. Vorne stürmte Schildhauer davon, und Cova bog erst als Fünfter um die zweite Kurve herum. 150 Meter vor dem Schlußstrich schlossen die italienischen Journalisten auf der Pressetribüne die Augen, mama mia, heute findet er nicht die richtige Übersetzung. Aber als sie sie wieder öffneten, schrien sie auf, weil Cova aus seinen zusammengekniffenen Augenwinkeln heraus die kürzer werdenden Schritte der beiden im blauen Trikot wahrgenommen hatte, und fünf Meter vor dem Ziel stürmte er an ihnen vorbei, die ungläubig zu ihm hinüberblickten.
»Millimeterläufer« heißen die Typen, die nur einen Atemzug lang an der Spitze zu sehen sind: Es ist der Atemzug, der sie zum Sieg führt.
Das Rennen war nicht schnell. 28:01.04 Minuten für die Nummer eins. Henry Ronos Weltrekord blieb unangetastet. Seit 1978 steht er bei 27:22,5 Minuten. Der Kenianer fehlte. Er wolle nicht für die Funktionäre laufen, sagte er. Eine eigenwillige Begründung.
Christoph Herle belegte, den Schreck eines Sturzes nach dem Startgerangel kaum verdaut, Platz acht. Schon seine Endlaufteilnahme hatte ihm eine unverhoffte Reputation gesichert, zumal der Architekt aufgestellt worden war, obwohl er die gewünschte A-Norm von 28:03 Minuten nie erreicht hatte. Hinter ihm atmeten schwer: die Kedir, Debele, Mamede, der den ersten Vorlauf noch in 27:45,54 lockeren Schrittes gewonnen hatte, und Salazar.

Robert de Castella: Die Laune des Augenblicks besiegt

In der Mitte des Marathons, noch bevor die Temperatur des Rennens jene Höhe erreicht, welche man die Hitze des Gefechtes nennt, schrieb Robleh Djama seine Fußnote in den Rennverlauf hinein. Zwei Jahre vorher war der Mann aus Dschibuti, den niemand kannte, geschweige denn auf der Rechnung hatte, noch ein Nomade, und nun führte er weit ab vom verbrannten gelben Steppengras seiner ostafrikanischen Heimat die Spitzengruppe an der 30-Kilometer-Tafel vorbei, und mehr noch, er setzte sogar einen Angriff, den allein der mißtrauische Äthiopier Kebede Balacha sofort erwiderte. Balacha, die Klette, hängte sich an diesem Sonntagnachmittag an jedes Tuch, das sich vor ihm bewegte.

Wie gesagt, Robleh Djama sorgte nur für eine Fußnote. Denn der kaum beschnittene Wildwuchs des Angehörigen eines Naturvolkes reichte nicht mehr hin für die »letzte Herausforderung«, wie der spätere Weltmeister, der Australier Robert de Castella, das Ablaufen der 42,195 Kilometer bezeichnet. Er ist Biophysiker, angestellt beim Australischen Sport-Institut, 26 Jahre alt, zu Hause in Canberra, also jenseits der mediengerechten Hektik der Amerikaner, Japaner und Europäer. Den natürlichen Reaktionen seines Körpers steht er wissend gegenüber, er ist nicht mehr angewiesen auf solch archaische Gefühlsausbrüche, von denen die ahnungslosen Afrikaner so oft davongespült werden. In Helsinki hat die wohlgeordnete Strategie die Laune des Augenblicks besiegt. Es konnte nicht überraschen.

Als die giftigen, kurzen, steilen Anstiege zwischen 35 und 42 Kilometer den Blick verstellten, hieb de Castella seine in kilometerlanger Lauerstellung zurückgehaltenen Energien mit einer Gewalt auf die Straße, daß die Funken stoben. In dem Augenblick, da die Erschöpfung das Nervenzentrum fast erreicht hat, startete er seinen Angriff, und die Zeit von 14:54 Minuten während der Berg-und-Tal-Fahrt zwischen Kilometer 35 und 40 verdeutlichte auch statistisch, daß sich de Castella am Schlußtag von Helsinki in seiner eigenen Klasse befand.

Unser Freund aus Dschibuti ließ nun die Füße schleifen, für den Schlußkilometer benötigte er sechs Minuten. Und auch die Klette Balacha verlor, allerdings als letzter Begleiter, an einem der elenden Hügel den Kontakt. Doch er sicherte seinem Äthiopien, wo der Marathonlauf eine Tradition besitzt wie sonst nichts im Sport – siehe die Olym-

Der Lorbeerkranz als besondere Ehre für den Sieger im Marathonlauf: Nicht einmal gezeichnet von den Strapazen läßt sich der überragende Australier Robert de Castella feiern.

Herren: Marathon

Herren: Marathon

piasiege von Abebe Bikila 1960 und 1964 und Mamo Wolde 1968 – wenigstens die Silbermedaille.

Alles kam zu denen, die warten konnten. Der zweifache Olympiasieger Waldemar Cierpinski aus der DDR lief auf Platz drei vor wie de Castella auf Platz eins: lange Zeit dem eigenen Gusto vertrauend. Wer am Ende siegen möchte, darf sich am Anfang nicht stören an den zahllosen Aufgeregtheiten, mit denen einige Marathon-Männer protzen wollen.

Es sind die letzten Kilometer, in denen die Augen offen zu halten sind. Die meiste Übung darin hat eindeutig der Schwede Kjell-Erik Stahl, der als Vierter einkam. Er besteht nur aus Haut, Knochen und Energie, was nicht verwundert, macht er sich nämlich ein Vernügen daraus, sich in jedem Monat in einem anderen Land einen Marathonlauf einzuverleiben.

Lehrzeit in der Höhle des Löwen

De Castella ist dagegen aus einem gänzlich anderen Holz geschnitzt; nicht in den Wind hineingeschnitten, sondern mehr aus stämmiger Eiche. Schon rein äußerlich. Ihn tragen zwei Beine, die zu jedem rechten Verteidiger beim Fußball passen würden. Sein Wort vom Marathon-Klassiker als der letzten Herausforderung in der modernen Leichtathletik erhält jedoch erst die notwendige Ergänzung durch seine letzte Konsequenz. De Castella schloß seine Lehrzeit 1980 mit einem zehnten Platz bei der Moskauer Olympiade ab. Danach suchte er die Höhlen der Löwen auf, eine nach der anderen, nicht eine ließ er aus. Am 6. Dezember 1981 bezwang er die starken Japaner – ihr Waterloo hieß Helsinki – in Fukuoka in der bisher zweitbesten Zeit von 2:08:18 Stunden. Im Oktober 1982 nahm er Maß an den Briten und Afrikanern, als er in Brisbane Sieger der Commonwealth-Games in 2:09:18 wurde. Am 9. April 1983 stellte er sich in Rotterdam einem europäisch-amerikanischen Gipfeltreffen – ein 500 000-Dollar-Ding – und entschied es nach 2:08:37 im Sprint gegen den Portugiesen Carlos Lopez. Alberto Salazar aus Eugene im US-Staat Oregon, der ihm die Weltbestzeit von 2:08:13 vor die Nase gesetzt hatte, fand nicht mehr die Kraft, seinen Körper ein sechstes Mal an die Agonie heranzupuschen. Er trat gar nicht erst an.

»Mein Hauptanliegen im Marathon ist nicht, große Dollarscheine zu verdienen. Ich glaube, es ist wichtiger, sein Potential auszuschöpfen und jedesmal sein Bestes zu geben«, hat der religiöse Rob de Castella einmal als sein Glaubensbekenntnis aus der Einsamkeit des Langstreckenläufers heraus hingestellt. Er hat in seiner windstillen Ecke warten können auf sein »goldenes Zeitalter«, in dem er sich, bewundert von Abermillionen Joggern, jetzt befindet.

Was nun die bundesdeutsche Komponente angeht, so ist Ralf Salzmann nach dreißig Kilometern ausgestiegen. Die kurzen, giftigen Anstiege hatten ihn ausgepumt. Die Wand, die »Klagemauer«, stand schon vor dem Polizeibeamten, als die Besten gerade ihre taktischen Konzepte einer letzten Prüfung unterzogen.

Die Dauerlaufwelle strömt zwar hierzulande über die Parks und die stadtnahen Wälder, der aktive Teil des Volks keucht und fleucht zum eigenen Nutz und Frommen: ein gesundes und ein langes Leben wünscht man sich. Doch zu der anderen Qualität des Wettkampfes auf höchster Ebene dringen nur noch wenige vor.

Deutsches Hoffen auf Evolution

Es ist darüber diskutiert worden, ob es einer eigenen Langlauf-Philosophie bedürfe, damit in einem Land der Marathon nicht nur auf Dornen, sondern auch auf Rosen laufe. Es ist etwas dran. Die »Kunst des langen Atems« ist den Briten augenscheinlich wesensnah. Die Afrikaner gehen mit nackten Füßen auf der roten Erde, sie sind Teil von Fauna und Flora. Die Amerikaner, welche die Anbetung des Automobils am weitesten getrieben haben, sind seit zehn Jahren plötzlich sensibilisiert für das andere Extrem; millionenfach und Lemmingen gleich schwimmen sie gegen den Strom und suchen hastig nach den Quellen ihres Seins. Den Japanern glaubt man ihre Lust am Leid unbesehen, und hierin sind sie den romanischen Völkern ähnlich, die indessen die langatmigen Epen mit ihrer Folklore prächtig ausschmücken.

Die Deutschen sind nüchterne, vernünftige Leute. Langläufer bedenken sie seit undenklichen Zeiten mit dem dümmlichen Spruch: Je länger der Lauf, desto kürzer der Verstand. Der alte Hochmut. Was den Marathoniten übrig bleibt, ist das Hoffen auf ein wenig Evolution, und sie möchten diesen Ausdruck mit dem Duden gerne ins Deutsche übertragen. Er bedeutet nämlich auch: »die stammesgeschichtliche Entwicklung der Lebewesen von niederen zu höheren Formen«.

R. H.

Freud und Leid spiegeln sich in den Gesichtern von Marathonsieger de Castella (rechts) und Kabebe Balacha wider. Während der Australier die Ovationen der Zuschauer genießt, scheint der geschlagene Äthiopier über die Silbermedaille traurig zu sein. Denkt er an die Enttäuschung in seiner Heimat?

Herren: Marathon

Herren: 3000 m Hindernis

Als Weltmeister zum Traualtar

Patriz Ilg

Patriz Ilg ist Grundschullehrer in der kleinen schwäbischen Gemeinde Bopfingen. Seinen Unterricht hat er so eingeteilt, daß er von Donnerstagmittag bis Montagfrüh Freizeit hat für sein Hobby: die 3000-m-Hindernisstrecke. Sollte es mal verlangt werden, dem Sport auch außerhalb der für ihn reservierten Spanne Platz einzuräumen, dann tut dies Ilg mit Sicherheit nicht zum Nachteil seines Berufes. Nach einem Abendmeeting an einem Mittwoch in Koblenz fuhr Ilg noch in der Nacht nach Hause, um am Morgen vor seine Schüler treten zu können. Ilg ist Schwabe und verläßlich. Viel Aufhebens um seine Person läßt er nicht zu. Unauffälliger war selten ein Sieger.

Ein Charaktermerkmal des Weltmeisters sind seine emotionalen Ausbrüche. In der Vorbereitung auf ein Großereignis stauen sich die Gefühle auf, um sich dann mit Vehemenz zu entladen. Sein Kniefall nach dem Sieg bei der Europameisterschaft in Athen nur wenige Zentimeter hinter dem Zielstrich war ein eindrucksvolles Beispiel dafür.

Für die ausländische Fachwelt überraschend kam der zweite Rang bei der Europameisterschaft 1978 in Prag über 3000-m-Hindernis. Den EM-Titel 1982 gewann Ilg nach dem verbissendsten Spurt (gegen Maminski/Polen) der Athener Titelkämpfe. Hier zeigte sich exemplarisch, was ein Athlet erreichen kann, wenn er an seine Chance glaubt. Vier Deutsche Meistertitel hat er in seiner Spezialdisziplin geholt, 1978, 1980, 1981 und 1982. In der Halle wurde Ilg Europameister 1982 über 3000 Meter. Mit seinen sämtlichen persönlichen Bestzeiten liegt er wohl im unteren Bereich seiner Möglichkeiten: 1500 Meter 3:40,8, 3000 Meter 7:45,1 5000 Meter 13:24,4 und 10000 Meter 28:47,6. Die 8:15,06 über die Hindernisse von Helsinki weisen ihn nicht einmal als besten Bundesdeutschen aus. Über Rekorde hat Patriz Ilg aber eigentlich selten gesprochen. *M. G.*

Mit verhaltener Freude betrachtet Patriz Ilg seine Goldmedaille. Aber auch Stolz ist spürbar, Stolz auf einen phantastischen Lauf, der ihn zum Weltmeister über 3000 m Hindernis machte.

Herren: 3000 m Hindernis

Herren: 3000 m Hindernis

Dies soll die Geschichte sein von jenem bundesdeutschen Leichtathleten, der, wenn das Jahr 1984 vorüber ist, erfolgreicher sein könnte als je ein anderer seines Schlags zuvor. Dies soll sein die Geschichte von einem Europameister, der auch Weltmeister wurde, die Geschichte von einem, der dennoch über die Straße gehen kann, ohne erkannt zu werden. Dies ist die Geschichte vom wackeren Schwaben Patriz Ilg, und sie soll beginnen mit einem Mann namens Jürgen Mallow. Mallow ist der Trainer von Patriz Ilg und genau so unauffällig wie der Schüler, so ein ruhiger, besonnener Typ, einer, der lieber denkt als redet. Keiner aus der Kategorie derer, die glaubten, sie müßten schon ein wenig aus der Reihe tanzen, um Erfolg zu haben. Also, Jürgen Mallow ist dieser Spezies wirklich nicht zuzuordnen. Und dennoch: Wenn das Jahr 1984 vorüber ist, könnte er der erfolgreichste sein unter den Trainern des Deutschen Leichtathletik-Verbands.

Jürgen Mallow, Brille, Rauschebart, Nordlicht mit Hang zum Süden, spricht für gewöhnlich eher mit gedämpfter Tonstärke. Nur im Juni dieses Jahres, am Abend der Deutschen Meisterschaften in Bremen, da schrie er Unmut fast aus sich heraus. Mallow war verärgert über seinen Verband, der ihn als Verantwortlichen für den gesamten Juniorenbereich angestellt hat, und über Patriz Ilg, der sich als Dritter eben nur ins Ziel geschleppt hatte. Der Läufer war krank »und hätte nach meiner Auffassung gar nicht laufen dürfen« (Mallow). Indes, die Unbedenklichkeitserklärung eines Orthopäden lag vor, »und gegen die Emotionen von Patriz kannst du manchmal gar nichts machen.« Der Order, die Mallow als Folge des Bremer Einbruchs dann erließ, verdankt Ilg mit großer Wahrscheinlichkeit den Sieg von Helsinki. Sämtliche Wettkampfpläne zur WM-Vorbereitung wurden gestoppt. Mallow behandelte fortan seinen Athleten wie einen Rekonvaleszenten, und das war gut so.

Ilg nach dem WM-Gewinn am Abend des 12. August 1983, einem Freitag: »Jürgen versteht es, einen Athleten immer in Bestform an den Start zu bringen.« Mallow am Morgen danach: »Mit solch' einem wie Ilg hat man es einfach.«

Einfach umwerfend war die Taktik, mit der der Weg zum Gold eingeschlagen wurde. Es galt, eine im Ilgschen Sinne positive Antwort auf die im frühen Juli in Helsinki von dem amerikanischen Ranglistenbesten Henry Marsh gestellte Frage zu geben: »Wer ist stärker, Ilg oder ich?« Der Deutsche wußte: Marsh ist ein Kurzspurtstratege wie er selbst. Da war der Hebel anzusetzen. Und das sah so aus: 300 Meter vor dem Ziel nahm Ilg die Spitze im Spurt, zwang so den zu diesem Zeitpunkt wie gewohnt leicht zurückhängenden Kontrahenten, den langen Weg zu gehen. Auf Highspeed über fast eine Runde aber war Marshs Kreislauf nicht eingestellt. Er verfing sich auf der Zielgeraden am letzten Hindernis und fiel, derweil Ilg in höchstem Tempo dem Ziel entgegenpreschte. Professor Jupp Keul, der Mannschaftsinternist, den Mallow, man erinnert sich, so gern in Bremen in Aktion gesehen hätte, stand just an dem Hindernis, das Marsh im Wege stand: »Sein Sturz war ein Ausdruck partieller Ermüdungserscheinungen. Es herrschte schon eine Koordinationsstörung durch Übersäuerung vor.« Für Keul war es demnach keine Frage: »Er hätte gegen Patriz keine Chance gehabt.« 8:15,06 Minuten bedeuteten Bestzeit für den Schwaben. Silber, wie 1982 bei der EM in Athen, für den Polen Maminski, Bronze für Fell, einen Briten.

Ein potentieller Siegertyp

Für Keul stand Ilgs Sieg grundsätzlich nie zur Debatte. Im Juli hatte er in Freiburg die letzten Erkenntnisse am Laufband gewonnen. Beinahe 80 Milliliter Sauerstoff pro Kilogramm Körpergewicht zeigten die Armaturen. Seit in Freiburg derlei Werte gemessen werden, vermochten nur zwei die Lungen derart vollzupumpen: Radstar Rudi Altig und Multi-Weltrekordler Henry Rono. »Wenn jetzt noch der Kopf mitspielt«, so Keul, »dann hat man es mit potentiellen Siegern zu tun.«

Der erfahrene Medizinmann des DLV schloß den kleinen Schwaben dann auch als erster in die Arme. »Zehn Jahre kenne ich den Patriz schon«, rechnet Jupp Keul nach. Zumindest die letzten fünf waren für Ilg nicht immer einfach und stets mit Abstechern nach Freiburg verbunden. Nach dem zweiten Platz bei der EM 1978 in Prag verschwand er im Jahr danach wegen einer Rückenverletzung völlig von der Bildfläche. Und er horchte auch in den nächsten Jahren noch ständig in sich hinein, hielt Ausschau nach Infektionsherden im anfälligen Körper. Wenn Ilg in Freiburg auftauchte, wußte Keul: Es mußte gelöscht werden. Zur Vorbereitung auf die WM-Saison ließ sich der Sportler zwei Weisheitszähne ziehen, die Mandeln gleich mit zu beseitigen,

Kraftvoll stürmt Patriz Ilg über das Hindernis. Der Brite Roger Hackney (Nr. 329) wurde Fünfter, Mitfavorit Henry Marsh (ganz links) mußte später nach einem Sturz alle Hoffnungen begraben.

Herren: 3000 m Hindernis

Nur noch wenige Meter trennen Partriz Ilg vom Ziel seiner Träume. Mit großem Vorsprung vor Boguslaw Maminski aus Polen (im Hintergrund) stürmt der Europameister dem Weltmeistertitel entgegen.

mißlang. Sie waren mal wieder entzündet. Für einen neuen Operationstermin in diesem Herbst ist Ilg schon angemeldet.

Das jährliche ärztliche Bulletin von Patriz Ilg läßt die Vermutung zu, hier habe man einen eher zimperlichen Zeitgenossen vor sich. Genau das Gegenteil ist der Fall. Für solche Jammerlappen wäre zudem kein Platz in jener Gegend, die Ilgs Heimat ist: Die schwäbische Ostalb, ein rauhes, abgeschiedenes Fleckchen Erde. Schutzpatron dort ist der heilige Patrizius, ein Ire, der dem Weltmeister den Namen lieh. Gelegentlich gibt es, man kann es kaum glauben, schon mal Verwechslungen in der Familie Ilg, denn auch ein Onkel hört auf den seltenen Namen Patriz.

Hüttlingen, Ort auf der Alb, Wohnort eines Weltmeisters: Während die Konkurrenz sich schnurstracks auf die »Tour de monnaie« des Leichtathletik-Zirkus begab, zog es Ilg an den häuslichen Herd. Den Ruhm zu versilbern, kam ihm auch diesmal nicht in den Sinn, obwohl ihm die Veranstalter die Türe einrannten. Ilg ist Schwabe und die kalkulieren streng, zum Beispiel für den Sommer 1984. »Um im olympischen Finale jedes Tempo mitgehen zu können, muß ich zunächst meine Leistungen über 5000 Meter einmal verbessern.« Deshalb sprach Ilg am Morgen nach dem WM-Erfolg vorwiegend von 5000-m-Plänen, die er 1983 noch zu verwirklichen gedenke. Es ginge ihm hier nur um die eigene Perspektive. »Sie wissen doch, daß ich kein Rekordläufer bin.« Zum Tingeln sei noch Zeit nach 1984. Nach dem Grand Slam der Leichtathletik – zum Schluß vielleicht den Siegen bei EM, WM und den Olympischen Spielen?

Ilg wäre nicht Ilg, spräche er im Detail über derart hochfliegende Ziele. Wie er überhaupt selten »die Sau rausläßt« (Ilg über seine letzten 300 Meter im WM-Finale). Private Geschichten gibt er nicht zum Besten, »weil es keine gibt von mir.« Wenn er dann doch verkündet, seine Braut Uschi habe ihn für den 16. September 1983, »Punkt 13.30 Uhr«, zum Trauaular bestellt, so entspricht das eher seiner Neigung zu trockenem Humor als einer Preisgabe seines Privatlebens. »Ich hab' ihr gesagt: kümmere du dich um alles, im WM-Jahr habe ich keine Zeit für Hochzeitsvorbereitungen.« *M. G.*

Herren: 3000 m Hindernis

Geschafft! Patriz Ilg schreit die Anspannung nach seinem großen Sieg aus sich heraus, macht seiner Freude mit einem wilden Schrei Luft, während ihm der erschöpfte Boguslaw Maminski mit einem Klaps gratuliert.

Herren: 20 km und 50 km Gehen

Gelbe Karte für die Sieger

Die beiden Geher-Wettbewerbe über 20 und 50 Kilometer waren, was die Dramaturgie des Rennverlaufs betrifft, grundverschieden: Ernesto Canto (23) aus Mexiko, Sieger über 20 Kilometer, hatte am Schluß nur zehn Sekunden Vorsprung auf den Tschechoslawaken Pribilinec und während des gesamten Rennens stets das Tempo diktiert. Ronald Weigel (25) vom ASK Vorwärts Potsdam, die Nummer eins im Fünfziger, war der Konkurrenz schließlich um mehr als dreieinhalb Minuten enteilt und eigentlich erst bei Kilometer 35 der tonangebende Geher an der Spitze.

Und weil Gehen nicht nur ein Kampf gegen den inneren Schweinehund ist, der in Helsinki besonders laut knurrte, da viele langgezogene Steigungen ihn ärgerten, sondern auch eine ständige Auseinandersetzung mit Menschen, die nur herumstehen und Notizen machen (gemeint sind die Gehrichter, die über die »Sauberkeit« der Technik zu befinden haben), hatten selbst die Sieger so ihre Last. Sowohl Ernesto Canto, als auch Ronald Weigel sahen während des Rennens die Gelbe Karte. Bei dem Mexikaner wurde noch kurz vor dem Ziel die Kniestreckung moniert. Er mußte sich exakt kontrollieren beim Beinahe-Brust-an-Brust-Duell mit dem Tschechoslowaken. Die Geh-Kommissare kennen da kein Pardon, holen schon mal einen »Läufer« aus dem Feld, selbst wenn der das Ziel bereits vor Augen hat. In Helsinki ist dagegen nur ein Medaillenkandidat vorzeitig unter die Dusche gebeten worden: Über 50 Kilometer der Mexikaner Martin Bermudez. So gab's eben doch nur ein Stück Edelmetall für die jahrelang im Gehen führenden Mittelamerikaner.

Zu bewundern war, wie der Journalistik-Student Weigel gewartet hat auf seine Chance, wie er die Nerven behielt, als Gonzales und Bermudez sich erst einmal vom Hauptfeld verabschiedeten. Ruhig Blut zu bewahren, ist eben nicht der Mexikaner Stärke. Weigel verfuhr im übrigen wie die routinierte Marathonkonkurrenz: de Castella und Cierpinski ließen die Übermütigen sich zunächst einmal austoben, bevor sie die Regie übernahmen.

M. G.

20 lange Kilometer liegen vor ihnen. Oft werden die Geher belächelt, aber die enormen Leistungen, die sie vollbringen, verdienen Bewunderung. Schon beim Start befindet sich der spätere Sieger Ernesto Canto (Nr. 555) aus Mexiko in vorderster Front.

Herren: Sprungwettbewerbe

Von Himmelsstürmern und Versagern

Protokoll eines Spätnachmittags in Helsinki, aufgezeichnet von einem Schweizer Journalisten mit Sinn für hohe Präzision. Es ist der Tag der Entscheidung im Weitsprung der Männer und – wie der Zufall oder ein Mißgünstiger es will – auch des Staffellaufes über 4 × 100 Meter. Hauptperson in beiden Fällen: 100-m-Sieger Carl Lewis.

18.30 Uhr: Lewis betritt mit elf anderen Weitspringern das Stadion, legt seine Anlaufmarke fest, die exakt 34,50 Meter vom Balken entfernt durch ein Klötzchen gekennzeichnet ist.

18.56 Uhr: Lewis steht am letzten Wechsel der Staffel, die in diesem Moment für die zweite Semifinalserie gestartet wird. Klar, die Amis siegen in 38,50 Sekunden und steigen ins Finale auf.

19.01 Uhr: Lewis kehrt zum Weitsprung zurück, wo inzwischen der erste Durchgang gerade beendet wird. Jason Grimes (USA) führt mit 8,29 Meter. Lewis hat die Nummer 1 gelost und wäre nun ohne gültigen Versuch, hätte man für ihn nicht die Erlaubnis eingeholt, nachspringen zu dürfen.

19.16 Uhr: Carl Lewis läuft an, springt, fliegt, landet – bei 8,55 Meter. Führung. Er klatscht in die Hände, holt seinen Trainingsanzug und rennt zur Wettkampfleitung: »Zweiter Durchgang, ich verzichte.« Als Nummer 1 des Feldes hätte er gleich wieder springen müssen. Hat er das nötig?

19.52 Uhr: Dritter Versuch, Lewis gibt sich bescheiden, 8,42 Meter, immerhin noch dreizehn Zentimeter mehr als Grimes, der nach wie vor auf Platz zwei liegt vor einem dritten Amerikaner, dem Dreispringer Mike Conley (zu diesem Zeitpunkt 8,06 Meter, Jesse Owens' Siegesweite von Berlin 1936). Danach pflanzt sich Carl der Große ins Gras, schaut, döst, schaltet ab. Die Versuche vier, fünf und sechs finden ohne ihn statt. Grimes springt noch einmal 8,29 Meter und Conley verbessert sich auf 8,12 Meter. Ende der Vorstellung. Der Sieger heißt, wer hätte daran gezweifelt, Carl Lewis.

20.39 Uhr: Lewis erhebt sich, sprintet einmal probeweise die Bahn herunter und nimmt seine Staffelposition ein.

20.47 Uhr: Start und nach 37,86 Sekunden Weltrekord. Natürlich war es Lewis, der die Lichtschranke der Zeitmeßanlage auslöste. Wer sonst?

Als alles vorbei ist an diesem goldigen Nachmittag, löst Carl Lewis seine Startnummer vom Trikot. Beides braucht er nun nicht mehr. Lewis hat sein WM-Programm hinter sich gebracht. Die Startnummer übrigens wies die Zahlen 892 aus. 8,90 Meter, man erinnert sich, das ist immer noch der Weltrekord des Jahrhunderts, Bob Beamons Siegesweite von Mexiko 1968. Lewis: »Mein Coach hat mir gesagt, ich könnte 30 Fuß weit springen«. Das sind exakt 9,144 Meter. Dann war also die Nummer 892 doch nur ein Zufall und kein Perspektivplan.

Wie man sich selbst austrickst

»Eigentlich müßte man sagen: Wir haben versagt.« Hochspringer Carlo Thränhardt aus Köln wollte, weil es nicht seine Art ist, keineswegs um den heißen Brei herumreden. Und auch Klubkamerad Dietmar Mögenburg, der besiegte Favorit, kehrte nichts unter den Tisch: »Es wäre schlimm, wenn einer ständig gewinnen würde. Wir sind doch keine Computer.«

Nicht wie ein Computer, aber zumindest wie einer, der ausschließlich bei den ganz großen Meisterschaften eine kräftigere Dosis vom Hormon Adrenalin abrufen konnte als die Konkurrenz – so schätzte die internationale Hochspringer-Gilde Mögenburg ein. Der Deutsche hatte den Europacup 1979 mit 17 Jahren gewonnen, die Europa-Hallenmeisterschaft 1982 und die EM von Athen im selben Jahr. Ihm, dem Pokerspieler vom Dienst, würde auch für die WM schon ein Trick einfallen.

Das Gegenteil war der Fall. Aber nicht die Gegner, nein, Mögenburg selbst hat sich diesmal ausgetrickst. Die Sache ist nämlich die: Mögenburg sprang bisher immer dann besonders gut, wenn er vor dem wichtigen Ereignis den Eindruck vermittelt hatte, nicht in Form zu sein. Vor Helsinki aber sprang er einfach viel zu hoch, 2,32 m und 2,30 m. Der gewohnte Mechanismus konnte deshalb nicht mehr funktionieren, was bedeutet: Aufgrund ungewöhnlich hoher Vorleistung mißlang es dem Langen, sich selbst unter Druck zu setzen. Er stand nicht mehr unter Zugzwang, hatte vielmehr eine Situation entstehen lassen, die sich für die Konkurrenz eher als entlastend darstellte.

Wer so viel Fitneß ausstrahlt, der soll auch der Favorit sein. Vierzehnmal war er 2,30 m und höher gesprungen. In der Kühle des Abends am vorletzten WM-Tag aber streikten nach 2,29 m die Gelenke. »Ich bin ein bißchen zu selbstsicher gewesen«, gestand er ein. Und: »Wir haben uns vorher selber verrückt gemacht.« Noch krasser der Fall Thränhardt, zehnmal mit Höhen über 2,30

Herren: Sprungwettbewerbe

Herren: Sprungwettbewerbe

Nur zwei Versuche benötigte
Carl Lewis, um den Weitsprung
zu gewinnen. Nach
einem gewaltigen Absprung
landet er bei 8,55 Meter.
Schon nach diesem weiten Satz
triumphierte Lewis,
der nur eineinhalb Stunden
später auch noch Gold mit der
4×100-m-Staffel holte.

Herren: Sprungwettbewerbe

Geschlagen geht Dietmar Mögenburg von der Matte. Der Favorit im Hochsprung hatte sich verkalkuliert, übersprang „nur" 2,29 Meter und mußte sich seinen vierten Platz auch noch mit Igor Paklin (UdSSR) teilen.

Unten links: Freudestrahlend winkt Sensationssieger Gennadi Awdejenko zusammen mit Silbermedaillengewinner Tyke Peacock (rechts) in die Menge, genießt wie der Amerikaner seinen Erfolg in vollen Zügen.

Unten rechts: Erstaunen und Fassungslosigkeit drückt der Blick von Carlo Thränhardt aus. Schon zehnmal hatte er in diesem Jahr 2,30 Meter überquert, ausgerechnet in Helsinki war bei 2,26 Meter Schluß.

Seite 61: Günther Lohre enttäuschte. Mit 5,25 Meter blieb er im Stabhochsprung weit unter seinen Möglichkeiten und landete abgeschlagen auf Rang 15.

im Jahr 1983 notiert, ein Weltrekord der Beständigkeit. 2,29 m hatte er ausgelassen, weil er diese Zahl nicht mag. Hernach grübelte er weniger über diese Unterlassungssünde als vielmehr darüber: »Ich habe ein Jahr nur für den Hochsprung gelebt und nun das. Ich begreife es nicht.«

Von diesem Sieger war noch nie die Rede

Pardon, vom Sieger war bisher noch nicht die Rede. Besser gesagt: Vom Sieger war noch nie die Rede. Wer hatte schon gewußt, daß es einen 19jährigen Ukrainer namens Gennadi Awdejenko gibt? Wie ausgedörrte Wüstenwanderer auf das Wasserloch stürzten sich Journalisten aus aller Welt auf die wenigen Notizen, die vom neuen Weltmeister (2,32 m im ersten Versuch) irgendwo herumlagen: Geboren am 4. November 1963, 2,02 m groß, 84 kg, Bestleistung 2,28 m, freilich in der Halle erzielt, im Freien 2,25 m nach eigener Angabe. Daß da die ganz pingeligen unter den Fragestellern hellhörig wurden, konnte man verstehen. Denn mit 2,25 m hätte Awdejenko in Helsinki gar nicht springen dürfen. Die Norm des Weltverbandes betrug 2,26 m.

Russisches Roulett

Eine in Zürich erscheinende Sportzeitung schrieb von einem »eingeschmuggelten Unbekannten«, andere vom Geniestreich der sowjetischen Sportadministration. In der Tat, daß Kestutis Schapka, 1971 in Helsinki Europameister und heute Cheftrainer für Hochsprung, jemanden mitnahm zur WM, der beim wichtigsten Qualifikationswettbewerb, der Spartakiade, gerade nur Sechster geworden war mit 2,23 m, das grenzte schon fast an Russisches Roulett. »Gennadi ist jung, wir wollten ihn hier für die Zukunft testen«, grinste Schapka. Derlei Auswahlpraktiken riefen Kopfschütteln hervor, besonders bei den Amerikanern, die noch immer lediglich die drei Ersten ihrer stets im frühen Juni stattfindenden Meisterschaften nominieren. Gleichwie, beide Verfahren, so extrem sie auch sein mögen, brachten Medaillengewinner in Helsinki hervor. Die Nummer zwei in Finnland: Tyke Peacock, ein Basketball-Auswahlspieler mit sagenhafter Sprungkraft. Bei der WM stellte er den USA-Rekord mit 2,32 m ein, ein paar Tage später (in Berlin beim ISTAF) schaffte er ihn mit 2,33 m ganz auf seine Seite. Derweil wurde in der Heimat

Herren: Sprungwettbewerbe

ein Profivertrag vorbereitet, was Peacock ganz schön in Gewissensnöte bringen dürfte, denn ein durchaus möglicher Olympiasieg 1984 würde den Basketballkontrakt noch einmal aufstocken.

»Vive La Russie«

Der Wettbewerb der Himmelsstürmer erwies sich 24 Stunden nach dem Hochsprungfinale als ein ausgesprochener Abklatsch desselben. Reihenweise purzelten die »gutbezahlten Abendunterhalter der großen Sportfeste mitsamt gerissener Latte auf das Schaumgummipolster« (Sport, Zürich). Und übrig blieben die Sowjets mit einem Unbekannten an der Spitze, vergleichbar fast mit Gennadi Awdejenko. Stabhochsprungsieger Sergej Bubka (5,70m) ist gar noch ein Jahr jünger als Awdejenko und ebenfalls Beweis für feinfühlige sowjetische Nachwuchspolitik. »Natürlich habe ich davon geträumt, der Sieger zu sein. Aber jetzt, da alles vorbei ist, bin ich überglücklich«, beschrieb Bubka seine Gefühle.

Hinter Bubka placierten sich Konstantin Wolkow und Atanass Taref, ein weiterer Sowjet und ein Bulgare. Welch ein Triumph für die Stabhochsprung-Schulen des Ostblocks! Und die Stars des Westens? Tom Hintnaus, eher einer der zweiten Kategorie, der schnell noch seinen amerikanischen Paß gegen einen brasilianischen ausgetauscht hatte, als Flügelmann auf Platz fünf. Am heftigsten indes aufs Haupt geschlagen: Der Franzose Quinon (vorher 5,80m) ohne Anfangshöhe bei der WM letzter, Olson, USA, (vorher 5,70m) ohne Höhe, Buckingham, USA (5,76 m), mit 5,40 m Dreizehnter, Vigneron, Frankreich (5,77 m), mit 5,40 m Achter. Als habe er sich's in der Fußball-Bundesliga abgeschaut, nahm Frankreichs berühmter Nationalcoach Jean-Claude Perrin spontan seinen Hut: »Vive la Russie.« Vielleicht ein wenig zu früh: Zunächst verbesserte sein Schützling Quinon den Weltrekord auf 5,82 Meter, dann steigerte Teamkollege Vigneron die Bestmarke auf 5,83 Meter.

Vom Mauerblümchen zum Hit

Der Sieger hieß Zdzislaw Hoffman, ein Pole aus dem Schlesischen. Aber durfte er das Gold tatsächlich für sich allein in Anspruch nehmen, hätte er das Edelmetall nicht in drei Teile zerlegen müssen? Einen noch für Willie Banks (USA), den Zweiten, und das dritte Drittel für den Dreisprung selbst, dieses ewige Mauerblümchen der Leichtathletik? Wir bekennen, nicht immer mit voller Aufmerksamkeit das Hopp, Step und Jump in den Stadien dieser Welt verfolgt zu haben. Doch in Helsinki waren wir hingerissen von der Dramatik und der Show des plötzlich unterhaltsamen Wettbewerbs. Umjubelter Regisseur am Nachmittag: Willie Banks, Rechtsanwalt, Gaudibursch, Charming Boy, Animateur, Weltklassehüpfer. Vier Durchgänge lang hatte er mit 17,18 Meter geführt, seine Späße getrieben mit dem Auditorium, sich Beifall dort geholt und Mut zu neuen Taten. Wenn Willie lachte, lachte ganz Finnland. Und seine gute Laune änderte sich selbst dann nicht, als Hoffman mit den neuen polnischen Rekorden von 17,35 und 17,42 Metern an ihm vorbeizog. Der Verlierer tanzte und kokettierte weiter mit den Finnen, die am nächsten Tag in ihren Zeitungen lesen durften, sie seien eingeladen 1984 ins Olympiastadion von Los Angeles. »Sie waren so gut. Ich habe alle Plätze für sie aufgekauft.« Willie, Willie...

Warten auf Peter

Peter, Peter. Hätte er, Peter Bouschen aus Düsseldorf, sich nur nicht so viele Rosinen in den Kopf gesetzt nach spielend leicht geschaffter Qualifikation. Er habe gewinnen wollen, gab der erste bundesdeutsche 17-m-Springer zu, war aber blockiert, als hätte er das berühmte Brett vorm Kopf. Bouschen nach 16,70m und Platz neun: »Besser hier versagen als in Los Angeles.« Banks freut sich schon.

M. G.

Zum Publikumsliebling avancierte Willie Banks. Der immer zu einem Spaß aufgelegte Dreispringer ließ sich die Laune auch nicht verderben, als er – lange Zeit führend – noch vom Polen Zdzislaw Hoffman geschlagen wurde. Mit seinen Showeinlagen eroberte sich der Amerikaner die Herzen der Zuschauer.

FÜR PUMA IN HELSINKI:

◁ MAKANUDO. Mit PUMA DUOFLEX-Rennschuhsohle aus einem Stück. Wirkt Verwindungen und falschen Fußstellungen entgegen. Schaft aus reißfestem Nylon mit Velourslederbesätzen. Integrierte Fersenschale und Längsgewölbestütze.

BEIM SPRINT.

BEIM WEITSPRUNG.

Der Wettbewerbsschuh mit Schaft aus Känguruh-Veloursleder. Mit patentierter Schaukelsohle für optimale Weiten. Auswechselbare Dornen. ▷

BEIM DISKUS-WERFEN.

◁ Der Spezialschuh mit Schaft aus leichtem, sehr reißfestem Känguruh-Veloursleder. Mit vorne hochgezogener Gummisohle zur Verstärkung und für besonders festen Halt.

BEIM HOCHSPRUNG.

◁ Der Kugelstoßerschuh mit Schaft aus Boxcalf-Veloursleder. Mit Gummisohle, an Spitze und Ferse zur Verstärkung hochgezogen.

Der Hochspringerschuh mit Schaft aus extrem leichtem und reißfestem Känguruh-Veloursleder. Für Absprung rechts und links. Entspricht den internationalen Vorschriften. ▽

BEIM KUGELSTOSSEN.

BEIM SPEERWERFEN.

Der ideale Schuh mit knöchelhohem Schaft aus festem Boxcalf-Veloursleder mit zusätzlicher Riemenbindung. Nylonplatten-Sohle mit auswechselbaren Dornen, überzogen mit Gummi-Noppensohle. ▷

PUMA®
...denn PUMA macht's mit Qualität.

Herren: Sprungwettbewerbe

Der Sieg des Polen Zdzislaw Hoffman gehörte zu den großen Überraschungen bei den Weltmeisterschaften (oben).

Eine unsanfte Landung und ein bitteres Erwachen gab es für Peter Bouschen aus Düsseldorf: Er schaffte im Finale nur 16,70 Meter – Platz 9.

Seite 65:
Calvin Smith hat das Staffelholz an Carl Lewis übergeben, der kraftvoll davonstürmt. Sonst gehen sich die beiden aus dem Weg, in der Staffel fanden sie zusammen, vergaßen für das ganz große Ziel den Hader der Vergangenheit.

Seite 66:
Arme und Beine weit vorgestreckt, in vorbildlicher Haltung, mit einem prüfenden Blick auf den Weitenmesser, fliegt Carl Lewis zur Goldmedaille. Zwei Sprünge genügten zum Sieg.

Seite 67:
Jubelnd, vor Freude strahlend, läuft Superstar Carl Lewis durchs Ziel: Er hat an einem Tag zweimal Gold gewonnen, und dieser Sieg mit der Staffel macht seinen Triumph perfekt: Das US-Quartett siegt in Weltrekordzeit.

Kraft, Gefühl für Technik und Bewegungsablauf verlangt das Diskuswerfen. Eine anspruchsvolle Disziplin, die wie nur wenige andere auch von äußeren Bedingungen abhängig ist.

TDK
347
308
TDK
360

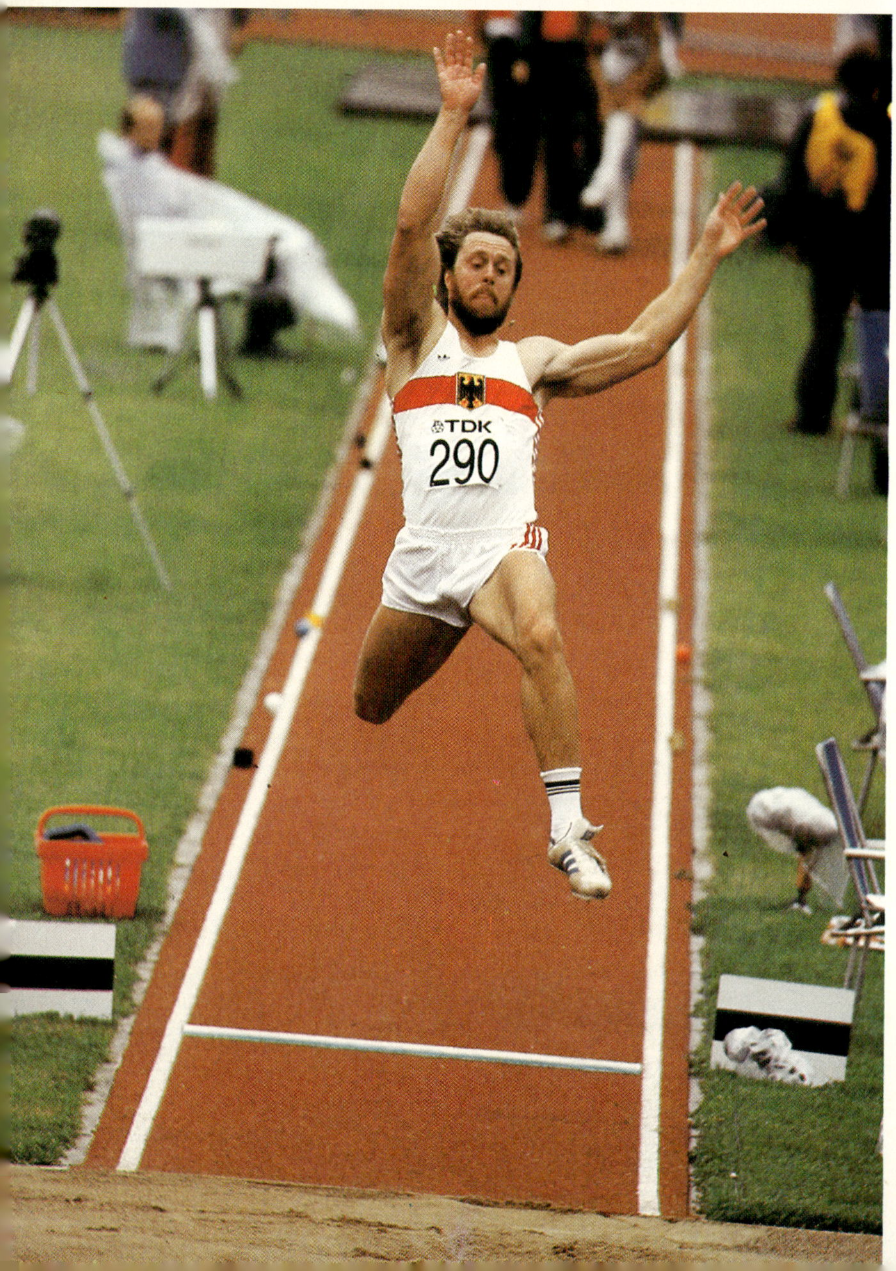
TDK
290

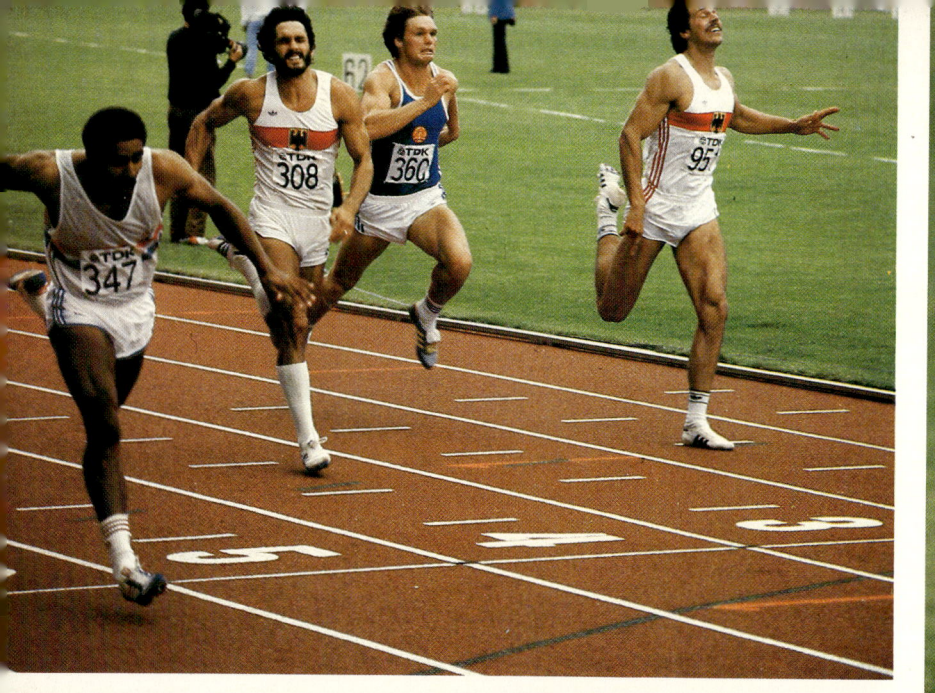

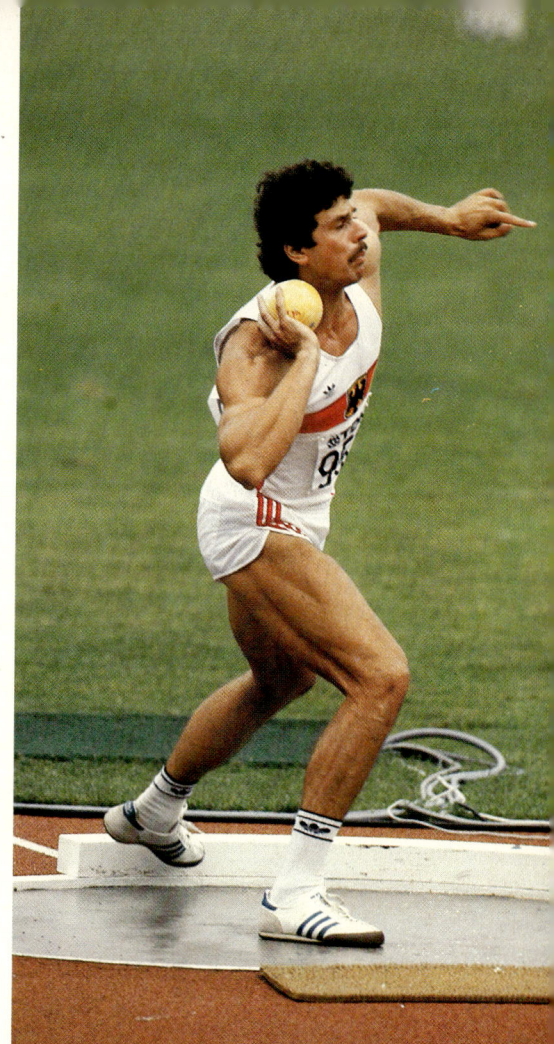

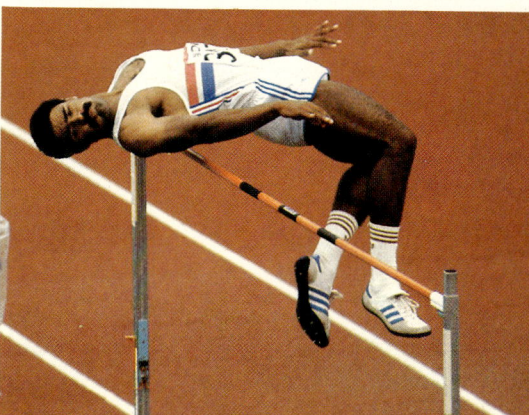

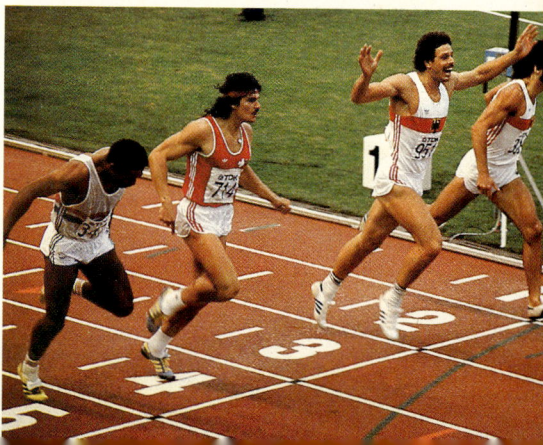

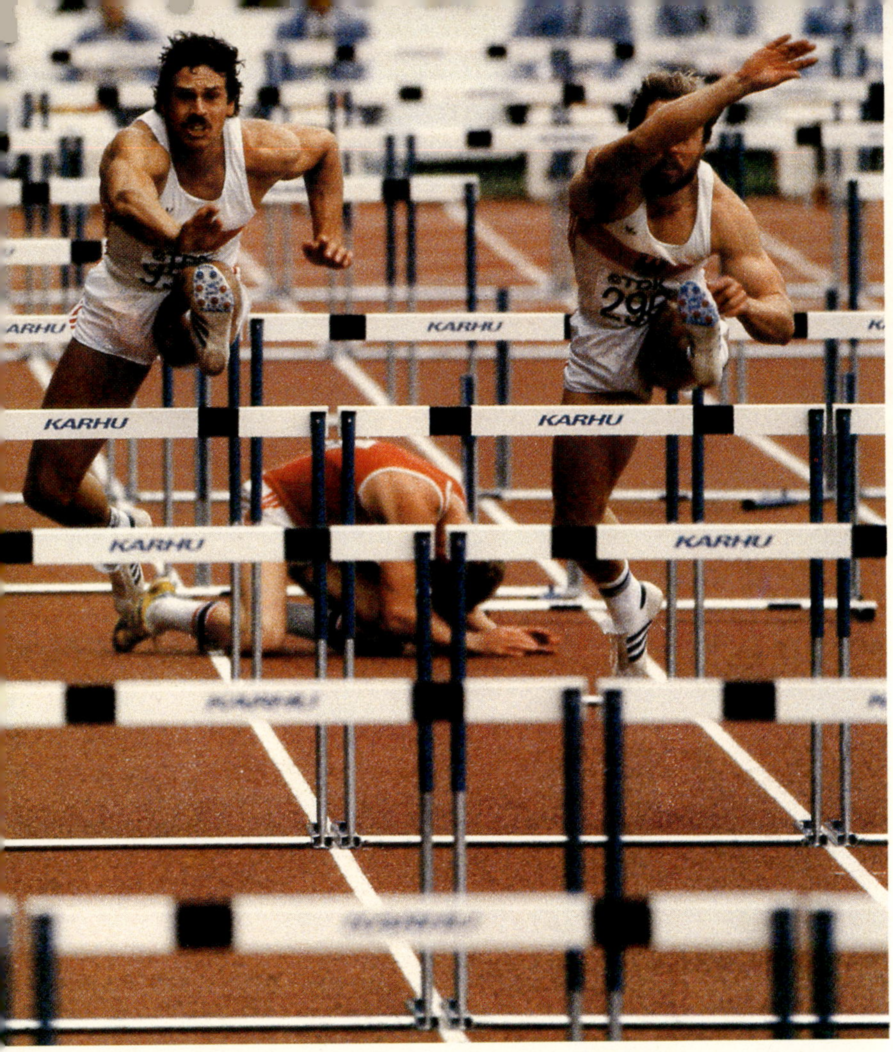
KARHU
KARHU
KARHU
KARHU

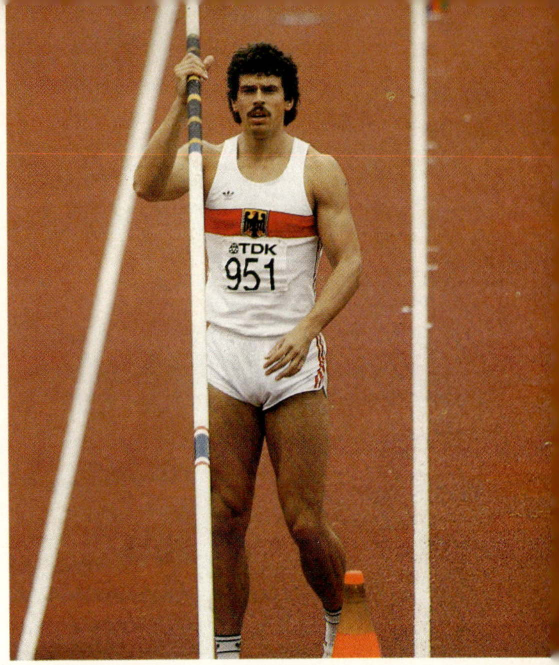
TDK
951

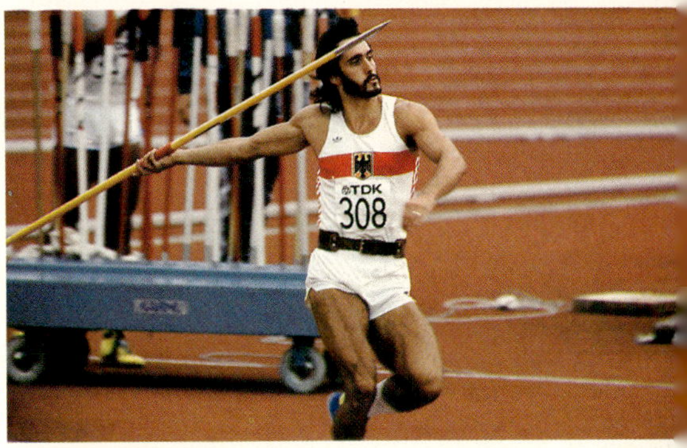
TDK
308

TDK
290

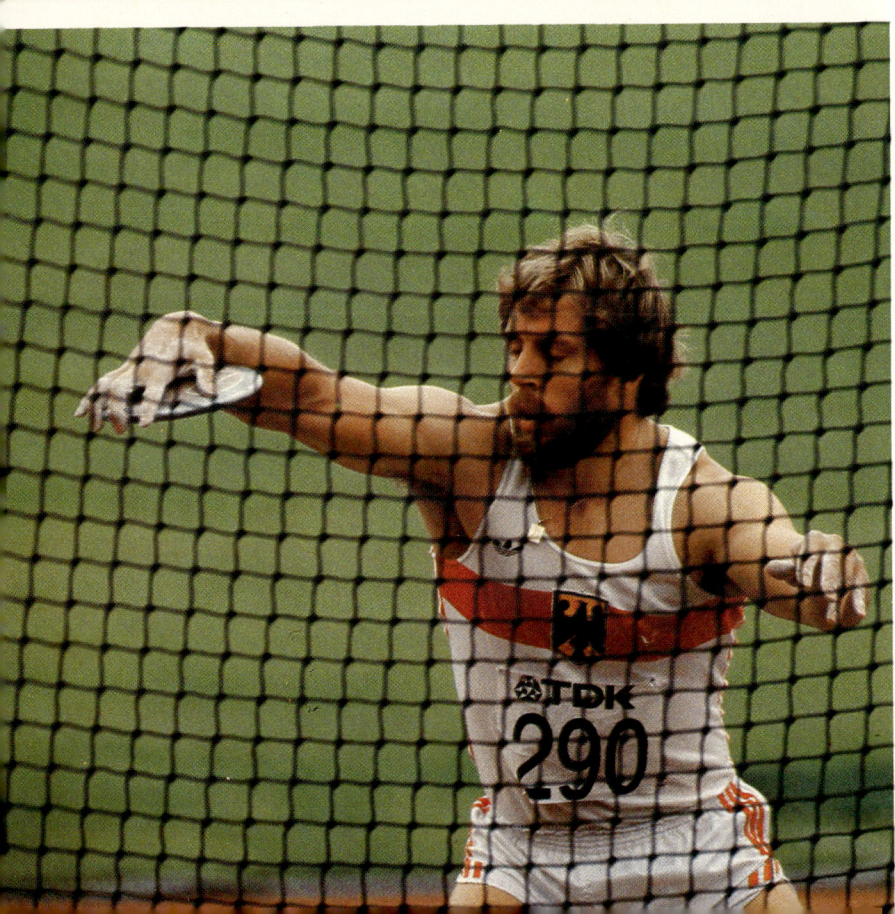

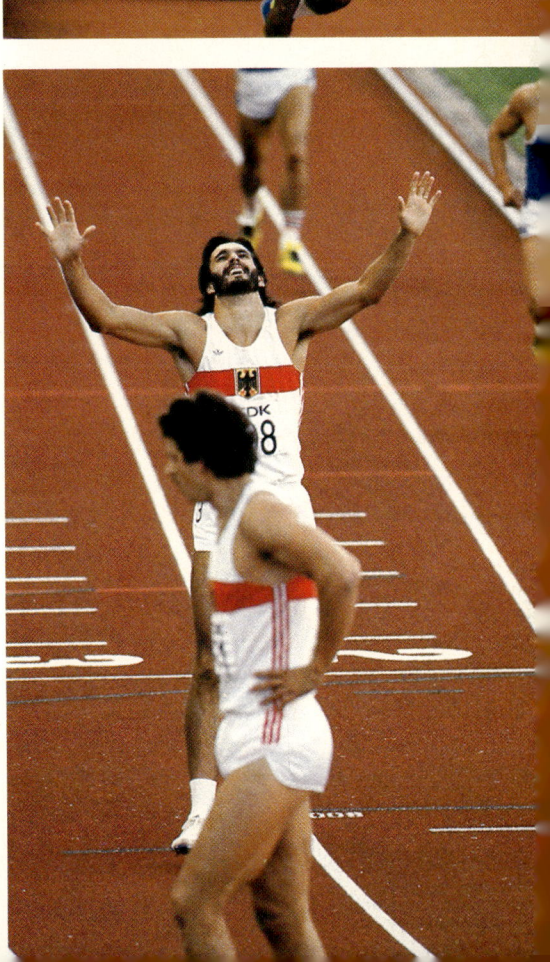

Seite 70/71:
**Stationen eines Zehnkampfes:
Am ersten Tag finden
die 100 Meter, der Weitsprung,
das Kugelstoßen, der Hochsprung und der 400-m-Lauf statt.
Zweiter Tag der Tortur:
110 m Hürden, Diskuswerfen,
Stabhochsprung, Speerwerfen
und zum Abschluß der
anstrengende 1500-m-Lauf.**

**Sie mußten oft noch Lehrgeld
zahlen, die Teilnehmerinnen
aus den exotischen Ländern.
Aber ihre sportlichen
Unzulänglichkeiten machten
sie mit Charme und Schönheit
mehr als wett.**

Ja, sie blieb liegen, die Latte, und der glückstrahlende Gennadi Awdejenko war mit übersprungenen 2,32 Metern Weltmeister (großes Bild). Tyke Peacock dreht jubelnd ab, hat er doch mit diesem gelungenen Sprung Silber gewonnen (oben). – Noch immer zählt der Amerikaner Dwight Stones zu den Stars im Hochsprung, nicht zuletzt wegen seiner Showeinlagen (links). – Zhu Jianhua, Weltrekordmann aus China, der mit seinem seltsamen Anlaufstil für Aufsehen sorgte, wurde Dritter (unten).

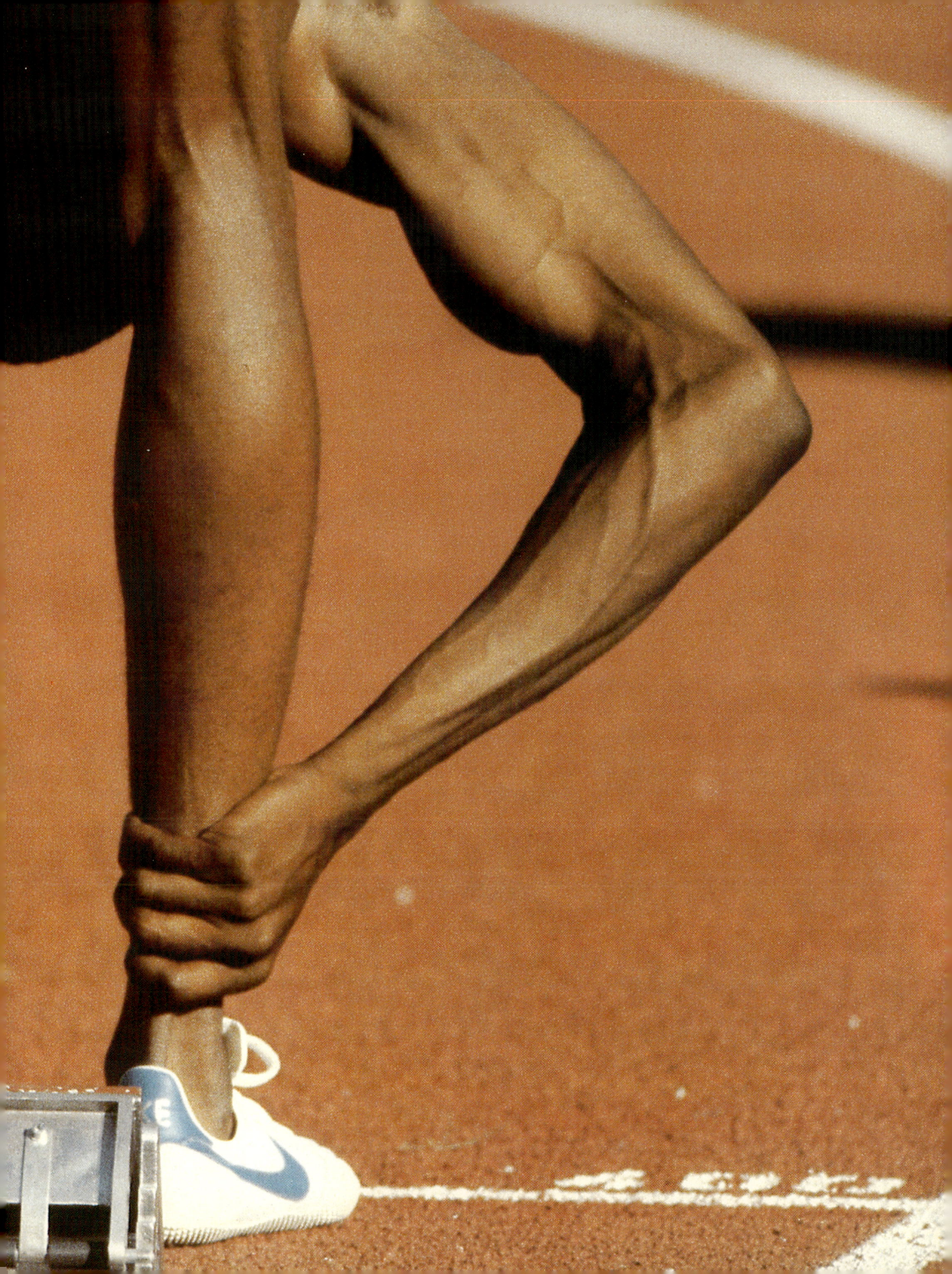

Herren: Wurfwettbewerbe

Die Schwächen der starken Männer

In jedem Werfer steckt ein Atlas. Sie alle tragen die Erdkugel unter Ächzen und Stöhnen. Aber ihrer Kraft gilt auch Bewunderung und Aufmerksamkeit, sie wissen es. Samson war ein anderer berühmter Vorgänger, ehe sie ihm die Haare abschnitten und es mit der Bezauberung ein unfröhliches Ende nahm.

Befand sich in Helsinki ein Teil der Werferelite just im Zustand des späten Samson? Um so unverdächtig wie nur möglich zu erscheinen, zitiert man am besten jenes Frage- und-Antwort-Spiel, das sich während einer Pressekonferenz der Anti-Doping-Ärzte in der finnischen Hauptstadt zugetragen hat. »Würden Sie bestätigen können«, so ein Journalist an die Adresse des Briten Arnold Beckett, »daß die Amerikaner Weltmeister im Dopen sind?« Die Erwiderung: »Ja. Weil dort nie Dopingkontrollen stattfinden.«

Nicht nur die Amerikaner standen am Pranger, damit keine Mißverständnisse entstehen. Aber sie schaufeln in ihrer grenzenlosen Vereinzelung unkontrolliert in sich hinein, was gerade in der Gerüchteküche zufällig auf dem Tisch liegt. Andere dosieren die Hormongaben entsprechend dem Bedarf.

Die vier Wurfsieger vermochten durchaus zu renommieren. Edward Sarul aus Polen stieß die Kugel 21,39 Meter weit, der Russe Sergej Litwinow schleuderte den Hammer auf 82,68 Meter, der Tscheche Imrich Bugar warf den Diskus 67,72 Meter, und auf einer der schlechtesten Anlagen, die es nach übereinstimmender Meinung der Speerwerfer gibt, brachte Detlef Michel aus der DDR das 800 Gramm schwere Gerät auf 89,48 Meter. Tom Petranoff durfte nicht mit seiner Neukonstruktion, einer besonders windgefälligen »Zigarre«, werfen und blieb nach den 99,72 beim Weltrekord mit 85,60 Meter weit unter Wert.

Sarul, ein 24 Jahre alter Hüne von 1,95 Meter Größe und 120 Kilogramm Gewicht, verfehlte seine persönliche Bestmarke nur um 29 Zentimeter. Der Pole war die Sensation. Nirgends quoll ein Muskelberg aus Armen, Oberschenkeln und Nacken – kein Mann für das Bodybuilding-Magazin. »Ich bin der schwächste Kugelstoßer in der Entscheidung gewesen«, sagte er beim offiziellen Interview. Sagt bloß, der verzichtet auf die Muskelpille? O, Mann! Dann wäre er der größte Trickser von allen gewesen.

Weltrekordler Udo Beyer – 22,22 Meter am 25. Juni in Los Angeles – sank ab auf 20,09 Meter, machte sich nach dem Aufbrechen einer Oberschenkelverletzung jedoch nützlich, indem er seinem DDR-Kollegen Ulf Timmermann nach dessen 19,61, 20,06 und 20,45 Meter auf die Gedankensprünge half, was sich prompt in Leistungen von 20,87 und 21,16 Meter niederschlug, die Sarul erst im letzten Durchgang konterte.

Die Amerikaner: Kevin Akins, in den USA nie schlechter als mit 21,00 Meter notiert, schied in der Qualifikation mit 19,48 Meter aus, Mike Lehmann stürzte um 1,74 Meter ab auf 19,69 Meter. Allein Dave Laut, der Beste in der Qualifikation mit 21,08 hielt sich als Vierter hinter dem Tschechen Remigius Machura mit 20,60 ein wenig am Rande der Sonnenseite auf.

Als die Anforderungen in den Qualifikationen veröffentlicht wurden, rieb man mal kurz die Augen und dachte bei sich: Die Asse werden sie während eines kleinen Morgenspaziergangs erledigen. 20 Meter mit der Kugel, 63 Meter mit dem Diskus, 73 Meter mit dem Hammer: Allein zehn Mann hatten bis zum Stichtag die Kugel über 21 Meter gewuchtet. In Helsinki schafften gerade sechs die 20! Vier Wochen Kerker und Brotsuppe hätten keinen größeren Schaden für das Ansehen der Zunftgenossen anrichten können.

Als wolle er den allen Werfern verleideten Diskussionen eine überraschende Wende geben, führte sich Hammerwurf-Weltmeister Sergej Litwinow vor, während und nach der Siegerehrung auf wie der Lümmel von der letzten Bank. Die Schultern eingerollt, die Hände demonstrativ in den Hosentaschen, in welche er dann auch die Goldmedaille hineinsteckte: Höchst bemerkenswert für einen Offizier. Er sei auch sofort heimgeschickt worden, hieß es bald zur Beruhigung, denn Disziplin und Ordnung sind zwei Dinge, die zuallererst von der Armee erwartet werden dürfen, oder?

Zu den Bundesdeutschen ist zu sagen, daß Hammerwerfer Karl-Hans Riehm mit einem unübersehbaren blauen Fleck am rechten Oberschenkel in den Wettkampf ging, in dem der Sechste, Klaus Ploghaus ihn mit 76,96 Meter um vier Zentimeter distanzierte. Diskuswerfer Alwin Wagner, Qualifikations-Geschädigter mit 58,96 Meter, stellte zu seinem Nutz und Frommen eine Woche später beim Europapokal-Endkampf in London mit 64,14 Meter und Platz zwei seinen angeschlagenen Ruf bald wieder her. Klaus Tafelmeier, Achter mit dem Speer – 80,42 Meter, war sich nach den 88,86 Meter aus der Qualifikation selbst nicht grün. *R. H.*

Die Euphorie des Augenblicks: Sieger! Weltmeister! Patriz Ilg auf dem bisherigen Höhepunkt seiner Karriere.

Herren: Wurfwettbewerbe

Kraftvoll beim Hammerwerfen, aber zu lässig bei der Siegerehrung: Weltmeister Sergej Litwinow siegte mit 82,68 Metern überlegen, wurde jedoch nach seinem schlechten Benehmen von der Mannschaftsführung der UdSSR kurzerhand nach Hause geschickt.

Herren: Wurfwettbewerbe

Karl-Hans Riehm wollte es noch einmal richtig anpacken, aber eine Verletzung machte ihm einen Strich durch die Rechnung. Im Hammerwurf-Finale reichte es für den Wattenscheider nur zu einem siebten Rang.

Während viele seiner Rivalen hinter den hochgesteckten Erwartungen zurückblieben, bot Detlef Michel die gewohnt starke Leistung.
Der Linkshänder aus der DDR beherrschte das Speerwerfen klar und siegte mit 89,48 Metern überlegen.

Herren: Zehnkampf

Die süße Rache des Daley Thompson

Die Giganten des Zehnkampfes im direkten Vergleich: Über die Hürden hatte Jürgen Hingsen die Nase knapp vorne, aber am Ende war Daley Thompson der »König der Athleten«.

Herren: Zehnkampf

Herren: Zehnkampf

Diese Augen, diese Blicke! Wehe, wenn sie das Gesicht des Gegenübers nicht treffen, sondern an ihnen vorbeisehen. Dann steht über die Breite von vier Spalten hinweg in den Zeitungen: »Weltmeister Thompson behandelt Hingsen und Wentz wie dumme Jungen!« Zwei 16jährige Mädchen beschweren sich sofort in einem Leserbrief an das Stuttgarter »Sonntag aktuell« über den Ausdruck »begossene Pudel«. »Wir sind empört«, geben sie ihrem großen Ärger jeden Raum. Etwas Schreckliches mußte vorgefallen sein, daß ein beachtlicher Teil der deutschen Sportnation reagierte, als gäbe es ein kollektives Gekränktsein, und Hingsen und Wentz hätten für sie alle nur die Stellvertreterrolle spielen müssen.

Vielleicht schadet es nicht, an dieser Stelle gefühlsdämpfend daraufhinzuweisen, daß wir alle ja keine heurigen Hasen sind.

Geschehen war dieses: Am Ende der zwei langen Zehnkampftage hatte die Stunde des Siegers geschlagen. Des Königs der Athleten. Da die Leute nicht zu ihm kommen konnten, nahm er sein Defilee mittels einer Ehrenrunde ab, und als er schließlich in die Gerade vor der Haupttribüne einbog, kamen ihm von der anderen Seite zwei Gratulanten entgegen. Die Deutschen, der Zweite und der Dritte. Sie änderten kulant sofort ihren Kurs und steuerten auf ihn zu, ohne Arg, soviel war zu sehen. Die Erleichterung, den Kampf gut zu Ende geführt zu haben, überwog die Enttäuschung.

Daley Thompson hielt ihnen seine offene Hand hin, ein kurzes Berühren, einmal, zweimal, und weiter ging's. Die Augen sahen aneinander vorbei. Ach ja, seufzte so mancher, Ritterlichkeit ist ein teures Gut.

Die in Jahrhunderten gepredigte Nächsten- und/oder Feindesliebe außer Betracht gelassen, drückt es sich in der knappen Gestik des Turnierkämpfers aus: Rache ist süß.

Der Brite hat in Helsinki nicht viel getan und gesagt; aber das war es ja! Um so mehr fiel das Wenige ins Gewicht. Worte auf der Goldwaage: »Hingsen ist o. k., es spielt keine Rolle, ob du der Weltrekordler bist in einer Disziplin oder nicht.« Die Wirkung ist eine ungeheure.

Die einzige wirkungsvolle Gegenwaffe – so martialisch sollte es eigentlich nicht klingen – wäre die formlose Ungezwungenheit gewesen. Abhaken, den Kopf schütteln, wenn keiner hinsieht, das genügt. Aber Hingsen sprach: »Das kann er machen, mit wem er will, aber nicht mit mir!« Womit Thompson

Herren: Zehnkampf

Die deutsche Zehnkampf-Elite mit Diskus und Kugel: »Sunnyboy« Jürgen Hingsen, der kämpferische Siegfried Wentz und Guido Kratschmer, der's mit Erfahrung macht.

Herren: Zehnkampf

Herren: Zehnkampf

Daley Thompson

Der Zehnkampf ist ein unerbittlicher Erzieher. Er formt seine Jünger. Noch ist es keinem Athleten gelungen, den Zehnkampf seinen Bedürfnissen unterzuordnen. Viele haben es schon versucht, und der Schillerndste, Daley Thompson, ist einer von denen, die irgendwann ihren Übermut fahren ließen und sich fügten.

Erst als der 25 Jahre alte Brite daran ging – er ist der Sohn eines Nigerianers und einer Schottin, die er beide nicht kennt; er wuchs in Londons Armenviertel Soho auf – seine wuchernden Talente wie die Perlen auf eine Schnur zu ordnen, fielen ihm die erhofften Siege zu.

Der Mulatte hat in seinen Aufsteigerjahren die Galerie gesucht, um deren Anerkennung er buhlte. Er wollte eine Million verdienen, in englischen Pfund. Auf die Frage nach seinen Steckenpferden antwortete er: »Nennen Sie mir welche und dann werde ich sie auch tun.«

Dieser Schaum ist inzwischen abgetragen. Den Auswirkungen des Ruhms steht er skeptisch gegenüber. »Ich wollte eigentlich immer ein Star sein, jetzt bin ich's und frage mich ständig, ob ich eigentlich noch mir selbst gehöre!«

Er hat einmal in einem Interview gesagt, daß nun einige Leute nicht mehr dächten, daß er ein Großmaul sei. »Ich habe getan, was ich ankündigte.« In ihrer Ausgabe vom 24. Juli 1976 überschrieb die englische Fachzeitschrift »Athletics Weekly« einen Artikel mit der schmeichelhaften Überschrift: »Britanniens Bob Mathias.« Das war jener amerikanische Zehnkämpfer, der 1948 und 1952 mit 17 und 21 Jahren Olympiasieger wurde.

Thompsons Weltmeisterschaft in Helsinki – mit 8666 distanzierte er die Deutschen Hingsen (8561) und Wentz (8478) – ist nur ein Meilenstein auf einem langen Wegstück. Wenn er den Adlerhorst mit seinen Klauen verteidigt, muß man an sein Langzeitziel denken: Als erster »König der Athleten« drei Olympiasiege zu feiern. 1984 wäre erst sein zweiter fällig. *R. H.*

Der prüfende Blick zur Latte: Bleibt sie liegen oder nicht? Daley Thompson konnte mit seinem Hochsprung zufrieden sein; da, wo die deutschen Asse patzten, erfüllte er sein Soll.

Herren: Zehnkampf

ihn, seinen wichtigsten Widerpart genau am Punkt hatte, wo er ihn wollte.
Außer sich!
Der Fuchs weiß, daß ihm nur derjenige den Sieg streitig machen kann, der ihn aus seiner Mitte heraus angreift – in sich ruhend. Es erscheint an dieser Stelle angebracht, um ein wenig Verständnis zu werben, denn der Zehnkampf von Helsinki fand unter verschärften Bedingungen statt, im Vergleich zu den Vorgängern bis hoch in die siebziger Jahre hinauf. Nicht allein Ruhm und Ehre und ein bißchen angelifteter Wohlstand steht heute auf dem Spiel, sondern der Lebensstandard schlechthin, und wer siegt, kann sich womöglich sein gesamtes Leben an dem in jungen Jahren erworbenen Gold einrichten.
So, und jetzt zur Lage. Der Mann aus London ist der Olympiasieger und Europameister, und er stellte drei Weltrekorde auf, die ihm der Zweimeter-Mann aus Uerdingen schon zweimal wieder abnahm. Die nackten Zahlen drücken bereits genügend die Spannung aus, die sich zwischen Thompson und Hingsen aufgebaut hat:
8707 Punkte am 22./23 Juni 1982 in Götzis.
8723 Punkte am 14./15. August 1982 in Ulm als Konter.
8743 Punkte am 7./8. September 1982 in Athen,
8777 Punkte am 4./5. Juni 1983 in Bernhausen als zweiter Konter.
In der griechischen Hauptstadt hatte Thompson den vom Feiern, Herumreichen, Selbstdarstellen erschöpften Hingsen mit seiner professionellen Ruhe schnell aus den Angeln gehoben. »Wenn ich ihm in die Augen sehe, hat er schon verloren.« Der Deutsche dachte darüber nach. Sein Trainer Norbert Pixken stieß mit seiner Mahnung auf ein offenes Ohr: »Jürgen, bleib' auf dem Teppich!«
Die Pfunde wucherten ins WM-Jahr hinein. Unbeabsichtigt, in der Vorbereitungsphase einer Saison, die einzig auf den Helsinki-Termin hingezirkelt wurde, stapelte der Sportstudent jene 8777 Punkte (später um zwei aufgebessert) in Bernhausen aufeinander. »Ich bin erstaunt über meine Kraftreserven!« Man hörte den Stolz. »Ich weiß, was Jürgen fehlt«, mahnte Pixken, der Solide. Und hatte Hingsen nicht einen Zweikampf von hoher Klasse bestanden, als er den aufkommenden Siggi Wentz, den mit 23 zwei Jahre jüngeren Medizinstudenten, gekonnt abwies?
Währenddessen verwandelte sich Thompson daheim in eine kleine, graue Maus. Die Neuigkeiten, die über ihn verlautbart wurden, beschieden sich: Kurzmeldungen. Er leide unter Rückenschmerzen. Kann er überhaupt in Helsinki antreten? Hingsen und Wentz ahnten die Finte.
Die letzten Tage vor dem Zehnkampf. Bundestrainer Wolfgang Bergmann traf Thompson. Der hielt seine Einsilbigkeit aufrecht – plaziert in sein strahlendstes Lächeln – und rief ihm nur zu: »Eight nine!« Achttausendneunhundert Punkte sollte das heißen. »Daley hat abgenommen, er ist so leicht, wie ich ihn noch nie gesehen habe«, erzählte Guido Kratschmer, der Olympiazweite von 1976 und ehemaliger Weltrekordler, der später mit seinen dreißig Jahren einen wunderbaren Eindruck hinterlassen würde, ehe ein Kampfrichter einen Speerwurf auf 65 Meter, wiewohl die Spitze auf den Rasen sichtbar aufprallte, ungültig wertete; damit war der fünfte Platz futsch.
Als der Zehnkampf endlich begann, war der heiße Sommer in Finnland seit ein paar Stunden vorbei. Die Temperaturen stürzten von 25 auf 15 Grad Celsius, es regnete. Im Hundertmeterlauf zur Eröffnung blieben die drei 8700er noch in ihren Plänen, beim Weitsprung rutschte Wentz ab, was sich bei ihm über das Kugelstoßen bis in den Hochsprung hinein fortsetzte. Es wollte dem Schwaben nicht gelingen, seinen frohen Mut in die richtigen Bewegungsabläufe umzusetzen.
Bei Hingsen riß die Konzentrationskette erst im Hochsprung, wo er nach überqueren 2,00 Metern wie sein Nachbar im gleichen Trikot 2,03 ausließ und an 2,06 scheiterte, er, der schon 2,18 in den Listen stehen hat. Worin konnte die Erklärung liegen? »Krämpfe«, sagte der Lange. »Sie fingen rechts oben im Arm an und gingen runter bis in die Beine.« Die entscheidende Blockade, und sie war errichtet worden vom eigenen System.
Danach marschierte Thompson, keiner Klippe kam er zu nahe. »Er macht einfach keinen Fehler«, stellte Wentz fest, der sich am zweiten Tag zusammenriß und die Bronzemedaille mit einem Speerwurf auf 75,08 Meter vor dem ostdeutschen Uwe Freimuth absicherte.
»Nächstes Jahr ist Thompson fällig«, sprach Hingsen bald wieder auf sich ein. Kopf hoch! Das ist die erste und wichtigste Erfordernis in Gipfelkämpfen. Man setzt in Niederlagen gerne auf den mit ihnen verbundenen Reifeprozeß. Auch der Geist sucht in seinem Schwanken Halt.   *R. H.*

Dokumentation einer Szene, die zum Eklat führte.
Die Deutschen Jürgen Hingsen und Siggi Wentz wollen ihrem Bezwinger, Daley Thompson, gratulieren. Scheinbar ungerührt läuft der Brite weiter, beachtet die geschlagenen Gegner kaum. Absicht, Gedankenlosigkeit oder Arroganz? In Los Angeles wollen Hingsen und Wentz den Spieß umdrehen: »Bei den Olympischen Spielen ist er fällig!«

Damen: 100 m, 200 m, 4 × 100 m

Schnelle Beine und loses Mundwerk

Schnelligkeit mit den Beinen, diese flinken Schritte mit der Frequenz eines Nähmaschinentaktes, zeichneten Marlies Göhr schon jahrelang aus. Bereits 1976 in Montreal gewann sie Gold mit der Sprintstaffel der DDR, 1977 gelang ihr der Durchbruch durch die Mauer der elf Sekunden (10,88) und zuletzt 1983 lief sie ihren dritten 100-m-Weltrekord (10,81).

Verbessert, sicherlich durch fleißiges Training, hat sie mittlerweile auch die Schnelligkeit ihrer Zunge. Davon Zeugnis abzulegen, war ihr vorbehalten nach dem 100-m-Finale. Nicht im Ziel dieses Rennens, sondern auf halber Strecke und hernach hatten sich die Ereignisse überschlagen – und mit ihnen das Mundwerk der Sprinterin aus Jena.

Es galt den von einer Muskelverletzung verursachten Sturz der Evelyn Ashford bei der halben Distanz des Finales zu kommentieren, den Fall der einzigen Läuferin, die Marlies Göhr hätte gefährden können, das Ende aller berechtigten Weltmeisterschaftshoffnungen der Weltrekordlerin aus Los Angeles.

»Sie ist angetreten, und wenn sie nicht durchs Ziel kommt, ist das ihr Problem.« Ein Satz wie ein Keulenschlag. Ein Satz, der vorbereitet schien. Ein Satz freilich auch, der so in keiner Tageszeitung der DDR wiedergegeben wurde. Dort zitierte man Bedauern (»Schade, daß sie sich verletzte«), das in der internationalen Pressekonferenz nicht über ihre Lippen kam. Dafür noch einige andere Seitenhiebe auf die Konkurrentin aus den USA. »Ich habe sie im Zwischenlauf gewinnen lassen«, sagte Marlies Göhr kühn, und die These steckte voller Spott über die falsche Taktik. Im Ostberliner »Sportecho« wurde das so interpretiert: »Ihr (Ashfords) entscheidender Fehler war, daß sie ihre Rivalinnen in jedem Lauf zu beeindrucken versuchte, immer mit voller Kraft lief, während sich Marlies Göhr in allen drei Vorentscheidungen ins Ziel treiben ließ, um die Kräfte zu schonen.«

Marlies Göhr beanspruchte schließlich noch den von der Ashford in der günstigen Höhenlage von Colorado Springs auf 10,79 Sekunden verbesserten Weltrekord zurück. »Ich hoffe, daß ich 1984 in der Höhe laufe und mir meinen Weltrekord zurückholen kann. Da bin ich mir eigentlich sicher.«

Was hat diese so schroff auftretende Sportlerin nur gestört? Warum fand sie nicht ein paar nette Worte für Evelyn Ashford. Muß denn der ideologische Vorhang immer so

Marlies Göhr auf dem Weg zum Sieg im 100-m-Finale. Der DDR-Star machte sich durch unfaires Verhalten gegenüber Evelyn Ashford (rechts), der härtesten Konkurrentin, bei vielen unbeliebt.

Damen: 100 m, 200 m, 4 × 100 m

Marita Koch

Mit drei Goldmedaillen und einer Silbermedaille erfolgreichster Teilnehmer der WM, wird sie gern als ein typisches »Kind des DDR-Sports« apostrophiert. Gewiß, sie hat all seine bekannten Stationen durchlaufen, die Vorteile genossen, wurde systematisch aufgebaut zum Prestigesymbol. Doch gelegentlich sind Eindrücke nur schwer zu verdrängen, die 26jährige Medizinstudentin aus Rostock könnte anders sein als die meisten Spitzensportler der DDR. Ihre zurückhaltenden Umgangsformen, ihre vom gängigen Klischee abweichende Sprache frei von Dialektik und Dialekt heben sie heraus aus dem Rahmen, der DDR-Sportler allenthalben umgibt.

Fast sybillinisch schrieb die amerikanische Fachzeitschrift »Track and Field News« nach der Wahl Marita Kochs zur Leichtathletin des Jahres 1982: »Vielleicht muß die Leichtathletik-Welt resignieren, wenn sie nach dem Geheimnis der Marita Koch sucht.« Zumindest ein Rätsel ist es gewesen, daß die Athletin von der Ostseeküste in Helsinki nicht auf ihrer bisher erfolgreichsten Strecke, den 400 Metern (sechs Weltrekorde von 49,19 bis 48,16), sondern in den Kurzsprints antrat.

Einer besseren Medaillenausnutzung wegen, aus Gesundheitsgründen (wobei festzustellen ist, daß ihre empfindliche Achillessehne durch das absolvierte Programm viel stärker strapaziert wurde als bei einer Konzentration auf die 400 Meter) oder aus Kenntnis über die Stärke der Kratochvilova?

Zum zweiten blieb ungeklärt, warum ausgerechnet diese erfolgreiche Athletin ihren Trainer Wolfgang Meier nicht mitbringen durfte. Gerüchte kursierten und ein Telegramm Honeckers, in dem der »lieben Sportfreundin auch künftig alles Gute« gewünscht wurde. Das gab zu denken. Wolfgang Meier hat seinen Schützling als »immer sehr ehrgeizig« gesehen. »Was immer sie tut, verfolgt sie mit totaler Hingabe. Sie tut immer mehr als man von ihr verlangt.« Tut sie das wirklich?   *M. G.*

**Marita Koch,
die erfolgreichste Teilnehmerin der Weltmeisterschaft.**

Damen: 100 m, 200 m, 4 × 100 m

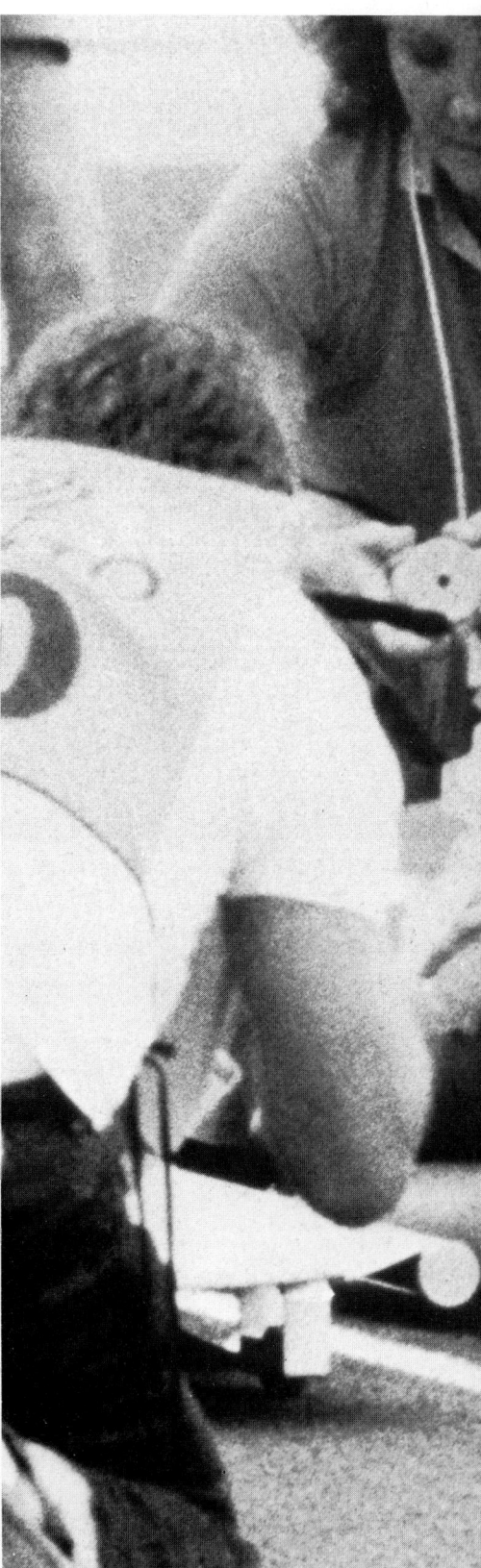

dicht und unbeweglich sein? Und wie paßte der Auftritt von Marlies Göhr mit dem Grußwort zusammen, das der DDR-Verbands-Generalsekretär Czerwinski im Mannschaftsheft für Helsinki veröffentlichte?»Wir werden in Helsinki eine friedliche Atmosphäre vorfinden. Eine Atmosphäre der gegenseitigen Achtung und Anerkennung. Auch wenn es unterschiedliche politische Auffassungen, Religionen und Sprachen gibt – der Sport eint uns.«

Nur drei Schritte trennten

Die Gereiztheit der Göhr, an Zynismus grenzend, mußte ihren Ursprung in den Szenen unmittelbar nach dem Finale gehabt haben. Da gab es keinen Jubel der Siegerin wegen, nur Betroffenheit über den Sturz der Amerikanerin. Zuschauer und Kameras richteten sich auf den Unfallort, Marlies Göhr und die als Zweite angekommene Marita Koch standen im Abseits. Marlies Göhr hätte an diesem Abend die populärste Meisterin sein können, wenn sie zur Sanitätertrage gegangen wäre, auf der Evelyn Ashford lag. Drei Meter trennten die beiden voneinander. Doch den letzten Schritt tat die Deutsche aus Jena nicht. Diese Bilder wären um die Welt gegangen: der Osten am Krankenlager des Westens. Der Sport, der einende, hätte diese Geste ermöglichen müssen.

Helsinki ist am Ende nur der Auslöser gewesen. Kabbeleien zwischen Göhr und Ashford um die Vorherrschaft im Sprint gab es schon immer, wiewohl bis Helsinki nur sieben direkte Laufbahn-Konfrontationen (fünf gingen an die Amerikanerin) stattgefunden haben. Und es muß erwähnt werden, daß verbale Attacken auch von Seiten der Ashford geritten wurden. Mehrfach hat sie Mißtrauen geäußert über haarscharf am Limit liegende Windangaben bei diversen Superrennen von Marlies Göhr.

Um das keineswegs klare Bild eines eher unbefriedigenden 100-m-Wettbewerbs abzurunden (aber auch, um zu verdeutlichen, in welche Gefilde Medienmeinung abrutschen kann), sollen noch zwei Verdachtsmomente gegenüber Evelyn Ashford, dargelegt in je einer Zeitung aus Deutschland Ost und West, angefügt werden. Die eine (Ost): Ashford sei gar nicht verletzt gewesen, habe sich nur klar im Nachteil gesehen gegenüber den DDR-Mädchen und sich deshalb selbst durch einen Sturz aus dem Rennen genommen. Die andere (West): Ashford sei gedopt

Das Aus für Evelyn Ashford. Mit einem Aufschrei brach die Weltrekordlerin im 100-m-Finale nach der Hälfte der Distanz zusammen. Eine Muskelverletzung machte die Hoffnungen der US-Athletin zunichte.

Damen: 100 m, 200 m, 4 × 100 m

Damen: 100 m, 200 m, 4 × 100 m

Sie war erfolgreicher als alle anderen in Helsinki: Marita Koch aus der DDR gewann dreimal Gold und einmal Silber. Weltmeisterin wurde sie mit den beiden Staffeln und über 200 Meter, außerdem im 100-m-Finale noch Zweite.

Evelyn Ashford, mit 10,79 Sekunden Weltrekordlerin, blickte schon vor dem Finale, wo eine Verletzung alle Träume beendete, skeptisch. Schon in den Vorläufen litt sie offensichtlich unter Schmerzen.

gewesen und durch den Sturz den Kontrollen aus dem Weg gegangen.
Der Unfall im 100-m-Endlauf beeinflußte in der Folge alle anderen noch ausstehenden Sprintwettbewerbe der Frauen. Ohne die Ashford fiel die US-Sprintstaffel als ernsthaftester Rivale für das DDR-Quartett (Sieger in 41,76) aus. Über 200 Meter brauchte sich Weltmeisterin Marita Koch unter diesen Umständen nur der Jamaikanerin Merlene Ottey zu erwehren. Evelyn Ashford war im langen Sprint höher eingestuft worden. Freilich, die superbe Leistung der Marita Koch kann durch nichts geschmälert werden. Mit ihrem Pensum (zwölf Rennen über 100 Meter, 200 Meter, 4 × 100 m, 4 × 400 m) bewegte sie sich auf einem schmalen Grat zwischen Risiko und Vernunft. Daß sie nicht abstürzte, spricht für sie und ihre Vorbereitung. »Als die erste Hälfte meines Programms vorüber war, war ich erstmal froh. Dann aber kamen Regen und Kälte. Das stimmte mich für den Rest nicht optimistisch«, erinnerte sich die dreifache Siegerin von Helsinki.
Nicht gerade positiv ist die Erinnerung an den Auftritt bundesdeutscher Sprinterinnen. Monika Hirsch (Mainz), als einzige mit der WM-Norm ausgestattet, überstand über 100 Meter nicht einmal die zweite Runde. Nur eine Kollegin aus Taiwan (12,17) war dort langsamer als die Deutsche (11,91). Die Staffel, um deren Nominierung es wie 1982 heiße Debatten gegeben hatte, erlag dem Druck der Erwartungen und blieb mit 44,21 Sekunden im Semifinale als Nummer fünf unter den Möglichkeiten. Für Bundestrainer Thiele müssen die Ergebnisse wie ein Schlag in den Magen gewesen sein. Er, der frühere Erfolgstrainer, war in die Diskussionen mit einbezogen worden und hat nun nicht nur einen neuen Anfang zu machen, sondern vielleicht auch Zugeständnisse. Die Situation im Sprint des DLV ist vorerst nur durch Bereitschaft zu Toleranz und Kompromiß zu lösen.

M. G.

Damen: 400 m, 800 m, 4 × 400 m

Der Preis für Ruhm und Ehre

Die Tränen der Jarmila. Nein, nicht die Freudentränen. Die anderen sind gemeint, die von einer Versehrtheit rühren. Als Jarmila Kratochvilova einmal die Kritik zu Ohren kam, sie siege »bei all den körperlichen Veränderungen, die an ihr festzustellen sind« (Gaby Bussmann) nicht mit den unverfälschten Waffen einer Frau, schüttelte sie eine Nervenkrise und sie heulte los.

Wer muß Abbitte leisten, sie oder wir alle miteinander? Die 32 Jahre alte Tschechin ist die Beste über 400 und 800 Meter, weitaus die Beste sogar. Als sie auf der Videowand im Olympiastadion nach dem Weltrekord von 47,99 Sekunden in Großaufnahme gezeigt wurde, in verzögerten bunten Bildern, sprangen die Muskeln an den Ober- und Unterschenkeln wie Keulen heraus. Sie ist bei der WM '83 der (die) Athlet(in) mit der kompaktesten Muskulatur gewesen, jedenfalls was den Bereich Lauf betrifft.

Wie lebt Jarmila Kratochvilova mit der Bürde, eine vielleicht noch bewunderte, doch nur von ihren Landsleuten geliebte Sportlerin zu sein? Keiner weiß es. Es muß ein hartes Leben sein, und als Antwort darauf, daß sie männlich aussehe, ihr Gesicht aus scharf geschnittenen Linien zusammengesetzt sei, anwortete sie, wer in ihre Klasse vorstoßen wolle, könne keine Rücksicht darauf nehmen. Das sei das Opfer des Ruhms, des Rekordes.

Ein Journalist aus Bratislava hatte schon am Sonntag, dem ersten Tag, sein Thema gefunden. Er lief durch das Pressezentrum und machte eine Umfrage: »Was halten Sie von dem Doppelstart Jarmilas, kann sie es schaffen?« Wir haben nur einige Erwiderungen gehört, aber sie unterschieden sich nicht einmal in den Wörtern voneinander. »Wenn, dann sie. Natürlich, sie schafft es.«

Die Rostocker Medizinstudentin Marita Koch hätte sich ihr in den Weg stellen können. Ihre herausgestoppte Zeit als dritte Läuferin in der 4 × 400-m-Staffel spricht jedoch eine andere Sprache. Denn ihren 48,55 Sekunden setzte die Tschechin einen Schlußpart von 47,75 entgegen.

Marita Koch verzichtete. Sie gab ihren Weltrekord von 48,16 Sekunden, mit dem sie in Athen '82 noch für klare Verhältnisse gesorgt hatte, kampflos ab. Es braucht nicht von Entschädigung gesprochen werden, daß sie stattdessen Gold über 200 Meter und mit den beiden Staffeln sowie Silber über 100 Meter gewann.

Der Fahrplan der Weltmeisterin über Vor- und Zwischenläufe bis zu den Entscheidungen hatte die folgenden Stationen.

Sonntag	11.55: 800 Meter: 2:12,13,
	18.15: 400 Meter: 52,42.
Montag	11.20: 400 Meter: 52,40,
	19.30: 800 Meter: 1:59,58.
Dienstag	17.35: 400 Meter: 51,08,
	18.10: 800 Meter: 1:54,68.
Mittwoch	17.50: 400 Meter: 47,99.

Die gefährlichste Klippe am Mittwoch, als innerhalb von 35 Minuten zwei Einsätze gefordert waren, umkurvte sie sicher. Noch hundertmal hätte sie um die Bahn sprinten können, es hätte sich niemand Sorgen gemacht um sie.

Die 51,08 Sekunden sahen nur aus wie ein flottes Aufwärmprogramm für die nachfolgenden 800 Meter, bei denen die zwei Russinnen Ljubow Gurina und Jekaterina Podkopajewa mit der ersten Runde in 57,59 Sekunden schon an die Grenzen ihrer Möglichkeiten gingen. Die Bauerntochter aus Böhmen mochte da nicht weiter an sich halten und lief einfach weg.

1:54,68 Minuten wie gespielt. Doch kaum Gratulationen. Diese Einsamkeit im freundlichen Beifall der Menge.

Darf nach ihren Empfindungen rückgefragt werden? Margrit Klinger sagte am nächsten Morgen lakonisch: »Ich glaube nicht, daß das mit Doping zu tun hat.« Sie mag sich nicht einmischen. Den Sextest hat die Tschechin bestanden. Die Diskussionen um diese Frau sind ein Wahnwitz. Und wieder das Rückkoppeln: Wie hält sie es aus? Und die Gegnerinnen auf der Kunststoffbahn? Sie behandeln sie schon aus Gründen der Selbsterhaltung so, als sei sie von einem anderen Stern. Die einen tun es mit Schulterzucken, die anderen mit hörbarem Murren, wenn sie automatisch um einen Platz zurückgestuft werden.

Warum Jarmila Kratochvilova in Helsinki überhaupt auf die 800-m-Strecke ging, stand in der Laufzeitschrift »Spiridon«, die Emil Zatopek zitierte: »Jarmila sollte in München (am 26. Juli) 200 Meter laufen. Da sie aber eine leichte Verletzung verspürte, sagte ihr Trainer: dann lauf lieber 800 Meter, da ist das Tempo nicht so hart, und du schonst deine Muskeln. Ja, und dann kam der Weltrekord. Jetzt sagten alle: Jarmila muß neben 400 auch 800 Meter laufen.«

Weltrekord. 1:53,28 Minuten. Jeder, der die Vorstellung sah, weissagte 1:51 beim nächsten ernsthaften Test.

Damen: 400 m, 800 m, 4 × 400 m

Jarmila Kratochvilova, der ungeliebte Star aus der Tschechoslowakei. Die gewaltigen Muskeln gaben immer wieder Anlaß zu Spekulationen und Gerüchten. Wurde bei ihr mit unerlaubten Hormonbehandlungen nachgeholfen? (Bild rechts). Für die schlanke Gaby Bussmann ist das alles kein Thema mehr, sie überzeugte mit einem vierten Platz in neuer DLV-Rekordzeit.

Jarmila Kratochvilova

Jarmila Kratochvilova ist am Ziel, sie ist ganz oben, sie feiert grandiose Siege, aber wer findet sich, der gerne mit ihr tauschen möchte? Die 32 Jahre alte Tschechin wird als scheu geschildert, sie zieht sich gern zurück in ihre Muschel, heißt es. Man merkt auf, wenn unter Berufsangabe bei ihr steht, sie sei Dozentin an der Karls-Universität in Prag. Wenigstens das System trägt sie auf einem silbernen Tablett, erweist ihr seine Referenz.

Zweiflerische Naturen verweisen auf den auffälligen Schnittpunkt in der sportlichen Karriere Jarmila Kratochvilovas im Jahr 1978. Bis zu diesem Zeitpunkt war sie eine sich vergeblich abrackernde Sprinterin, die ihrem Trainer Miroslav Kvac schon dreimal bekundet hatte, wegen Erfolglosigkeit aufgeben zu wollen. Dann aber steigerte sie ihren 400-Meter-Rekord von 53,1 auf 51,09 Sekunden, was so schnell und plötzlich kam, daß die Kundigen sich einig waren, nun sei der Sündenfall passiert. Männliche Hormone, Testosteron?

Seit 1980, als die Bauerntochter – 1,70 Meter groß 64 Kilogramm schwer – Silber bei den Olympischen Spielen in Moskau gewann, bekommen ihre Konkurrentinnen Alpträume, wenn sie eine Traumbarriere nach der anderen niederreißt. »Sie gehört für mich einer anderen Kategorie an«, stellte Gaby Bussmann resignierend fest und auch die anderen Konkurrentinnen sagen – nicht mehr nur hinter vorgehaltener Hand – was sie von der Weiblichkeit der Tschechin halten. Nur an der großen Marita Koch, dem Star der 400-Meter-Runde, ist sie bisher erst einmal, beim Weltpokal 1981 in Rom, vorbeigekommen, 1982 bei den Europameisterschaften in Athen zog sie wieder den kürzeren.

In einem Interview hatte Jarmila Kratochvilova vor zwei Jahren ihre Sehnsucht nach einem bequemeren Leben ausgedrückt. Die private und staatliche Planerfüllung sieht für die zweifache Weltmeisterin und -rekordlerin vorher aber noch den Olympiasieg vor. *R. H.*

Damen: 400 m, 800 m, 4 × 400 m

Damen: 400 m, 800 m, 4 × 400 m

Margrit Klinger, die EM-Dritte, hatte sich fünf Monate lang mit Ischiasbeschwerden herumschlagen müssen. Ihr vierter Platz in Helsinki in 1:58,11 Minuten war aus der Not geboren worden. Sie hat ihre Tagwerke wohlgeordnet, wie sich denken läßt. Im Kreiskrankenhaus von Bad Hersfeld ist sie als Steuergehilfin tätig, arbeitet wegen des oft zweimal täglichen Trainings an 32 Wochenstunden. Auch weil sie daheim sechs Kinder waren, hat sich die Zielstrebigkeit gut entwickelt.

Die Beste aus dem Westen zu sein? Ein hübsches Ziel. Auch Gaby Bussmann hat es erreicht, ebenfalls als Viertplazierte. Ihre Zugabe: Die 49,75 Sekunden über die 400 Meter brachten der Psychologiestudentin nach den 50,64 und den 49,99 vom 26. Juli ihren dritten bundesdeutschen Rekord.

Wer nun noch Zeit genug besitzt, kann jetzt einen kurzen Blick auf den innerdeutschen Vergleich werfen, der ja bei allen internationalen Hochfesten hier und dort mit Argusaugen verfolgt wird. Seit den Olympischen

Damen: 400 m, 800 m, 4 × 400 m

Stampfend dem Sieg
über 800 Meter entgegen:
Jarmila Kratochvilova ließ sich
auch ihre zweite Goldmedaille
nicht nehmen.
Ljubow Gurina (Nr. 446),
Silbermedaillengewinnerin,
hatte nicht den Hauch einer
Chance (Bild ganz links).

Jarmila Kratochvilova
schlägt die Hände vorm Gesicht
zusammen: In neuer
Weltrekordzeit hat sie auch die
400 Meter zu ihren Gunsten
entschieden.

Spielen 1968 in Mexiko-Stadt hat sich mit der Westfälin erstmals wieder eine Deutsche aus dem Westen vor einer ostdeutschen Langsprinterin behaupten können. Eingestanden, Marita Koch fehlte. Und auf Dagmar Rübsam als Siebte war kein Verlaß.
Das Staffelholz trug sie allerdings über 4×400-Meter für die DDR vier Tage danach als Erste nach Hause. Marita Koch hatte für einen Vorsprung von 3,62 Sekunden gesorgt, das waren rund dreißig Meter, von denen die losbrausende »Wunderfrau« Kratochvilova nur noch 3,03 Sekunden oder 26 Meter abzwacken konnte. Die Bundesdeutschen hatten ohne Mary Wagner anzutreten. 3:29,43 Minuten, sechster Platz. Nette Mädchen.
Bei der Siegerehrung für den 400-Meter-Lauf, es fällt noch rechtzeitig ein, küßte die Zweite, Tatjana Kocembova, ihre Landsmännin Jarmila, mit der sie nicht auf dem vertrautesten Fuß stehen soll, auf die Wange. Es war eine Geste. Ehrend, versöhnlich, demonstrativ, wie auch immer. *R. H.*

Gegen die Übermacht
aus dem Ostblock zog
Margrit Klinger den
kürzeren, war aber beste
Westeuropäerin. Hinter Jekaterina Podkopajewa (Nr. 47)
wurde sie Vierte.

Damen: 1500 m, 3000 m

Mit Eleganz zum Doppelsieg

Die sowjetischen Läuferinnen, die bei Olympischen Spielen, bei Europameisterschaften, bei Europa- und Weltpokalen seit dem Sommer 1976 dominierten, sie sahen dieses leuchtende Rot von Mary Deckers Trikot 8850 Meter lang, in allen ihren vier Vor- und Endläufen über die 1500 und 3000 Meter. Sie hefteten mit zunehmender Verzweiflung ihre Blicke an den Rücken der führenden Amerikanerin, die der Eleganz des Laufens eine Gasse bahnte.

Diese Taktik des Vornewegschwebens sah zunächst nur unbefangen aus, treuherzig, arglos. Die letzte Runde kommt bestimmt, und dann wird die Konkurrenz aus ihrem Schatten springen. Ganz bestimmt.

Aber der erste Eindruck trog. Nachher, als wir schon Übung im Zuschauen hatten, wußten wir Bescheid. Es waren nämlich gar keine Fluchtwege, die Mary Decker suchte, sondern sie hielt sich nur selbstbewußt auf jenem Beobachterposten auf, von dem aus sie jeden Angriff der anderen kontrollieren konnte.

Seit dem 22. August 1980 war die Amerikanerin unbesiegt gewesen. In 28 Rennen, was freilich kaum auffiel, war sie nie gegen irgendeine der russischen Läuferinnen angetreten. Und schon überhaupt nicht gegen Tatjana Kasankina (1500-Meter-Weltrekordlerin, drei Olympiasiege) oder Ludmilla Ulmassowa (3000-Meter-Weltrekordlerin, Europameisterin) und Olga Dwirna (1500-Meter-Europameisterin).

Doch der Spurt durch die letzte Runde, der einst hart und langgezogen getrommelt wurde, entlud sich bei ihnen in Helsinki nicht mehr wie ein Urknall, von dem höchstens noch die Schallwellen die Mitläuferinnen erreichten. Sie setzten ihn weicher als früher auf die rote Kunststoffbahn, weiblich, nicht mehr herb.

Mary Decker bewahrte sich das Beste jeweils für die Zielgerade auf. Über 1500 m ließ sie Samira Saizewa in der Kurve mal kurz vorbeiziehen, schaltete aber, nachdem ihr ein kurzer Blick zurück keinen weiteren Widerstand ankündigte, fünfzig Meter vor dem zweiten Gold schnell einen Gang hoch und

fing die Russin noch ab. Deren verzweifelter Zielsprung geriet zu kurz.

Plötzlich standen die ausdauernden Frauen aus dem Westen wieder groß da. Rückstände von 1,22 bis 13,37 Sekunden, wie noch zwölf Monate zuvor bei der EM in Athen atemlos hingenommen, lösten sich binnen einer Woche auf. Vermutungen, daß auch gerade im längeren Lauf der Frauen die Fortschritte der Doping-Fahnder zur Vorsicht mahnten, sind in Helsinki auf dem offenen Markt gehandelt worden.

Brigitte Kraus:
Die Sterne vom Himmel geholt

Die Bundesdeutschen sahen gleichfalls einen wunderbaren Silberstreif, den Brigitte Kraus zwei Tage vor ihrem 27. Geburtstag in den wolkenlosen Himmel zog. »Bleib' ruhig«, redete sich die technische Zeichnerin aus Bensberg bei Köln während der 3000 Meter ein, »die sind schnell, ich bin schnell«. Bis zur Hälfte ließ sie ein Sextett einige Meter wegziehen, nicht aus Not, sondern weil sie wußte, daß die Schwestern irgendwann auch wieder langsamer würden.

Brigitte Kraus blieb an der Innenkante der Bahn, ging mit ihrem Energievorrat ganz vorsichtig um – und ärgerte sich trotzdem, weil sie am Schlußbogen ihre Bahn nicht verlassen und prompt die Lücke nach vorn nicht gefunden hatte. Richtungsänderung, Tempowechsel: die langen Hebel einer 1,80 m großen Frau mußten erst wieder in Schwung gebracht werden, und es reichte wohl auch, um Tatjana Kasankina noch abzufangen. »Wenn ich da außen gelegen hätte, Mensch...«

Hm, aber schweig' fein still, wenn bis auf einen schon alle Sterne vom Himmel heruntergeholt worden sind. Im Sommer '82 rackerte sich Brigitte Kraus noch ab, um überhaupt auf das Mannschaftsfoto des EM-Teams zu kommen. Sie wurde nachnominiert und schließlich Siebte, erntete dafür ein bißchen Wohlwollen und Schulterklopfen.

Und hier nun das: 8:35,11 Minuten, nur 49

Auch ein verzweifelter Sturzflug ins Ziel half Samira Saizewa aus der UdSSR nichts. Kraftvoll die adrette Mary Decker aus den USA.

Damen: 1500 m, 3000 m

Damen: 1500 m, 3000 m

Mary Decker

»Mit Mary ist es so,« hat ihr Trainer Dick Brown aus Eugene festgestellt: »Bei einer Verletzung mußt du sie sofort ruhigstellen, sonst fängt sie wieder zu früh mit dem Laufen an.« Sie bekommt dann eine Gipsmanschette ums ruhebedürftige Bein.

Mary Decker ist 25. Als sie elf war, bestritt sie auf den Rat ihrer Großmutter hin ein Querfeldeinrennen und gewann, und damit begann der Lebens-Lauf. »Es gibt keine Grenzen,« sagt sie heute noch, als ob sie sich nicht schon dutzendfach in ihrem Leben zwischen Triumph und Tragik den Kopf angestoßen hätte.

Mit zwölf geriet sie an einen ruhmsüchtigen Trainer. Er ließ sie Marathon laufen – in 3:09 Stunden – und an den darauffolgenden Tagen schickte er das winzige, dünne Mädchen in Rennen über 440 Yards bis zwei Meilen, er bürdete ihr vier Starts an einem Tag auf. Der Blinddarm ließ sich so viel Streß nicht bieten, und mit dem Notarztwagen ging es nächtens ab in den Operationssaal.

Mary war dreizehn Jahre alt, als Knöchel und Ferse ihre erste ganzjährige Pause erzwangen. Mit vierzehn besiegte sie in Minsk die Olympiazweite Miole Sabaite über 800 Meter.

Früher Ruhm. »Für mich ist Laufen 99 Prozent meines Lebens!« Die Quittung folgte prompt. Erst 1977 und nach einer dreijährigen Pilgerreise von Arzt zu Arzt vermittelte ihr der neuseeländische Läufer Dick Quax die richtige Adresse für rätselhafte Schienbeinschmerzen.

Die Operation verlief erfolgreich, und Quax trainierte und liebte sie. Doch irgendwann ging die Liaison zu Ende. Im Sommer 1981 streikte dann die Achillessehne. Erst Dick Brown lehrte sie, wieder daheim in den USA, endlich den Segen von wenigstens ein bißchen Vernunft. Mary Decker ist dennoch bereit, einen hohen Preis zu zahlen, ihre Ehe mit dem Marathonläufer Ron Tabb war nur ein kurzes Glück. »Als guter Athlet mußt du egoistisch sein.« War es eine leise Klage?   R. H.

Stolz präsentierte Brigitte Kraus ihre Silbermedaille. Durchhaltevermögen und Fleiß der Kölnerin wurden nach langer Zeit endlich belohnt.

Hundertstel vom ersten Platz entfernt. 9,22 Sekunden schneller als je zuvor, um 8,54 Sekunden den bundesdeutschen Rekord von Birgit Friedmann verbessert.

Die erste internationale Medaille für die Rheinländerin, wo doch schon 1971 eine Überschrift in der »Bergischen Landeszeitung« lokalpatriotisch verkündet hatte: »Flicka, der Wirbelwind aus Bensberg, läßt die Sportwelt aufhorchen!«

Allmählich wuchsen die Kontostände. 45 Länderkämpfe, 49 Meistertitel, doch sie vermochten auf die Dauer nicht über ihre Unsicherheiten hinwegzutäuschen. Ständig war sie erkältet, und sobald die Blütenpollen durch die Luft segelten, tränten die Augen wegen des Heuschnupfens. Während eines 1500-m-Laufs in Dormagen im Juni 1980 standen an allen vier Enden der Bahn Freunde und feuerten sie an. Hätte sie aufgegeben, war zu hören, dann hätte Brigitte Kraus auch ihre Laufbahn beendet.

Zwei Operationen an der Nasenmuschel, eine über drei Jahre sich erstreckende Spritzkur, zwei Fluchten vor dem naßkalten Winter nach Neuseeland: Da mochte ihr Trainer Lutz Müller eine Stelle im Ölscheichtum Katar annehmen und nur noch telefonisch und brieflich in Kontakt mit ihr stehen: Kopf und Rücken frei, gewann die Läuferin endlich die Zuversicht in ihr Können und ihr außerordentliches Talent. Zweifellos.   R. H.

Seite 104:
Mary Decker war auch über 3000 Meter nicht zu bezwingen. Rigoros übernahm sie von Beginn an die Führung und zeigte gleich, wer Herr im Hause ist. Brigitte Kraus (verdeckt hinter der Amerikanerin) sorgte mit ihrem zweiten Platz für eine Riesenüberraschung.

Damen: 100 und 400 m Hürden

Weltrekord vom Winde verweht

Mögen Läuferinnen des Westens keine Hürden? Ziehen sie es vor, wenn man ihnen Hindernisse aus dem Weg räumt? Der Umkehrschluß wäre dann der: Athletinnen des Ostblocks beherrschen die Wettbewerbe über 100-m-Hürden und 400-m-Hürden deshalb, weil sie es gewöhnt sind, daß ihnen Hindernisse in den Weg gestellt werden. Tatsache ist, daß der Europameisterschaftssieg der Schwedin Ann-Louise Skoglund im Jahr 1982 über die lange Hürdendistanz nur wie eine Fata Morgana war. Die Szene wurde in Helsinki jedenfalls wieder vollkommen von der Ost-Konkurrenz beherrscht. Shirley Strong (Fünfte über 100-m-Hürden) aus Großbritannien und Skoglund (Sechste über 400-m-Hürden) erreichten die besten Plazierungen der Teilnehmer des Westens.

Bettine Jahn (25) aus Karl-Marx-Stadt blieb mit 12,35 Sekunden unter dem Weltrekord, der jedoch wegen zu starkem Rückenwind (2,4 m/sek.) nicht anerkannt wurde. »Weltrekord kann man immer laufen. Hier zählte nur der Sieg. Natürlich wäre es schön gewesen, Weltmeisterin mit Weltrekord zu werden. Aber wichtig ist das nicht.« DDR-Athletinnen sagen immer gern, was Funktionärsohren hören möchten. Bettine Jahn bestätigte, daß der Doppelsieg über 100 Meter der bisher größte Erfolg für die Hürdensprinterinnen gewesen ist.

Im 400-m-Hürdenfinale erreichten die sowjetischen Mädchen das Double. Aber nicht die Weltrekordlerin Anna Ambrosiene hatte die Nase vorn, sondern Jekaterina Fesenko (54,14). In diesem Wettbewerb war der Augsburgerin Mary Wagner ein Aufstieg bis zum Endlauf zuzutrauen. Ein schwerer Unfall schon nach 220 Metern des Vorlaufs stoppte das durchaus realisierbare Vorhaben. Die Meisterin des DLV erlitt einen Achillessehnenriß, wurde in Helsinki vom Mannschaftsarzt Dr. Krahl (Essen) operiert. Für baldige Genesung und einen neuen internationalen Anlauf möglichst 1984 in Los Angeles erhielt die Mary noch in Helsinki viele gute Wünsche. Mary Wagner hat eigentlich überall gute Freunde.

Einen von fünf bei der WM erzielten DLV-Rekorde steuerte der Hürdensprint bei. Vollkommen losgelöst von öffentlicher Erwartung fand Heike Filsinger (Mannheim) im Vorlauf den idealen Rhythmus und im Ziel eine Zeit von 13,04 Sekunden vor. Sie und Ulrike Denk (Köln) rauften sich bis ins Semifinale durch, unterlagen dort aber der Ostblock-Übermacht. *M. G.*

Damen: 100 und 400 m Hürden

Auch wenn im Semifinale über 100 m Hürden für Heike Filsinger schon Endstation war, hatte sie doch Grund zum Jubeln.
Mit 13,04 Sekunden erzielte sie einen neuen DLV-Rekord (Bild S. 106).
Allerdings: so flott die Mannheimerin auch über die Hürden lief (Bild l.), im Endlauf blieben ihre Konkurrentinnen alle unter 13 Sekunden.

Mary Wagner war einer der größten Pechvögel von Helsinki. Die deutsche 400 m Hürden-Hoffnung kam erst gar nicht dazu, ihr wahres Leistungsvermögen zu demonstrieren. Ein Achillessehnenabriß beendete im Vorlauf all ihre Hoffnungen. Kopf hoch, Mary, die Zukunft gehört dir!

Damen: Marathon

»Vögel, die morgens singen...«

Die Einsamkeit der Marathonläuferin Charlotte Teske in den Straßen der finnischen Hauptstadt. Nach 32 Kilometern gab die 33jährige Krankenschwester enttäuscht auf (großes Bild).

Sie beherrschte die Marathonstrecke in den letzten Jahren wie keine andere und trug erheblich zur Popularität dieser Langstrecke bei: Weltmeisterin Grete Waitz (oben rechts).

Monika Lövenich (Nr. 152) und Christa Vahlensieck schlugen sich achtbar, belegten am Ende Platz 15 und 19.

Damen: Marathon

Damen: Marathon

Grete Waitz

»Bitterlich schluchzend versuchte ein 17jähriges Mädchen, in die Damen-Toilette des Olympiastadions von Helsinki zu flüchten. Das war 1971 anläßlich der Europameisterschaften: Grete Andersen war eben in einem 800-m-Vorlauf ausgeschieden.« Es ist der Beginn eines im Zürcher »Sport« erschienenen Artikels aus dem Juni 1975. Das Mädchen besaß ihren Ehrgeiz. Sie trainierte verbissen weiter und die ersten Erfolge stellten sich bald ein. Vier Jahre später lief sie über 3000 Meter einen Weltrekord in 8:46,6 Minuten, den sie 1976 noch einmal auf 8:45,4 verbesserte. Die Norwegerin rannte sich freilich bald den Kopf gegen die sowjetische Armada ein. Zwischendurch wunderte sie sich: »Alle zwei Jahre bringt die Sowjetunion neue Läuferinnen. Im Cross im Frühjahr liegen sie noch weit hinter mir, oft eine halbe Minute. Aber im Sommer kann ich sie im Endspurt nicht mehr halten.«

Grete Waitz, wie sie inzwischen hieß, brachte es auf fünf Weltmeisterschaften im Querfeldeinlauf, wohingegen ein dritter Platz über 3000 Meter in 8:34,2 bei den Europameisterschaften 1978 in Prag ihre bisher einzige Medaille geblieben war.

Als der Marathonlauf die westliche Welt zu faszinieren begann, fand die Sportlehrerin endlich ihre Mitte, und bei vier Läufen in New York über die 42,195 Kilometer stellte sie drei phantastische Weltbestzeiten auf.

Im vorigen Jahr zollte Grete Waitz den Anstrengungen ihren Tribut, als sie einen Ermüdungsbruch erlitt. Die erzwungene Pause hinterließ jedoch bei »marathon woman« keine Spuren. Mit 2:25:29 stellte sie am 17. April in London die inzwischen aufgebesserte Höchstmarke der Neuseeländerin Allison Roe ein.

Da Marathon ein Volkssport ist, der seine Werbeträger in den Himmel hebt, ist Grete Waitz erst recht seit dem Nachmittag des 7. August ein materiell sorgenfreies Auskommen garantiert. *R. H.*

Wie sich die Zeiten doch ändern. Noch 1956 traute die Welt der Funktionäre, selbstverständlich männlich, dem schwachen Geschlecht nur Starts über eine Strecke von bis zu höchstens 200 Meter Länge zu. In Helsinki wanden sie den Marathonläuferinnen dagegen einen Lorbeerkranz und ihnen war höflich sogar das Recht auf den ersten Titel mit der damit verbundenen Publizität zugestanden worden. Ladies first – die Gewöhnung schreitet rasch voran.

Doch hinter der nun so glänzend herausgeputzten Fassade lag ein 42,195 Kilometer langes fürchterlich welliges Asphaltband, das vorbeiführte an Parks, Nadelhölzern und silbrig in der Sonne glänzenden Seen. Diese Idylle ging in die Beine. »Es war kein Laufen, es war ein Durchbeißen von Anfang an«, beschrieb später Monika Lövenich, als 15. die beste Deutsche, ihre Schritt für Schritt erlittene Mühsal.

Es war heiß, 25 Grad Celsius, und windig. Vögel, die morgens singen, frißt abends die Katz'! Die Kanadierin Jacqueline Gareau und die Irin Regina Joyce zwitscherten so lang, wie der Atemvorrat hielt; auf den ersten 15 und 30 Kilometern hatten sie nacheinander einen Vorsprung von fünfzig bis zu zweihundert Meter herausgeholt.

Die Katz' hieß Grete Waitz, die bei Kilometer 34 ihre Bremsen lockerte und im Nu alle Mitstreiterinnen hinter sich ließ. Die Norwegerin benötigte für den Abschnitt 35 bis 38 Kilometer nur 9:36 Minuten, die Anstrengung schien ihr nichts auszumachen, nur ihr nicht. Im Ziel betrug nach 2:28:09 Stunden ihr Vorsprung vor der Amerikanerin Marianne Dickerson – sie bezeichnete sich als eine Marathonistin mit nur neunmonatiger Erfahrung – und Raisa Smeknowa drei Minuten. Dahinter folgte die Europameisterin Rosa Mota, die Namensliste führte als zweitbeste Deutsche Christa Vahlensieck als 19. auf, und sie endete mit der Zahl 51.

Charlotte Teske, deren Name in keiner Vorausschau fehlte, stieg nach 32 Kilometern aus. Die 33 Jahre alte Kinderkrankenschwester, Siebte der »ewigen« Weltrangliste, trug zentnerschwer an ihrer Enttäuschung. Sie nahm am nächsten Tag die erste Frühmaschine nach Frankfurt und Pressechef Lutz D. Nebenthal ließ ein Statement zirkulieren: »Bei Kilometer 20 habe ich mein Getränk erhalten, kurz nach dem Trinken war mein Magen wie zu, und ich bekam starke Seitenstiche... Ich bin unheimlich bedrückt, daß ich hier nicht mehr bringen konnte.« *R. H.*

Damen: Sprungwettbewerbe

Von der Freizügigkeit des Denkens und Handelns

Ulrike Meyfarth riß jubelnd die Arme hoch. 1,99 Meter hatte sie im ersten Versuch übersprungen – sah einen Moment wie die Siegerin aus.

Damen: Sprungwettbewerbe

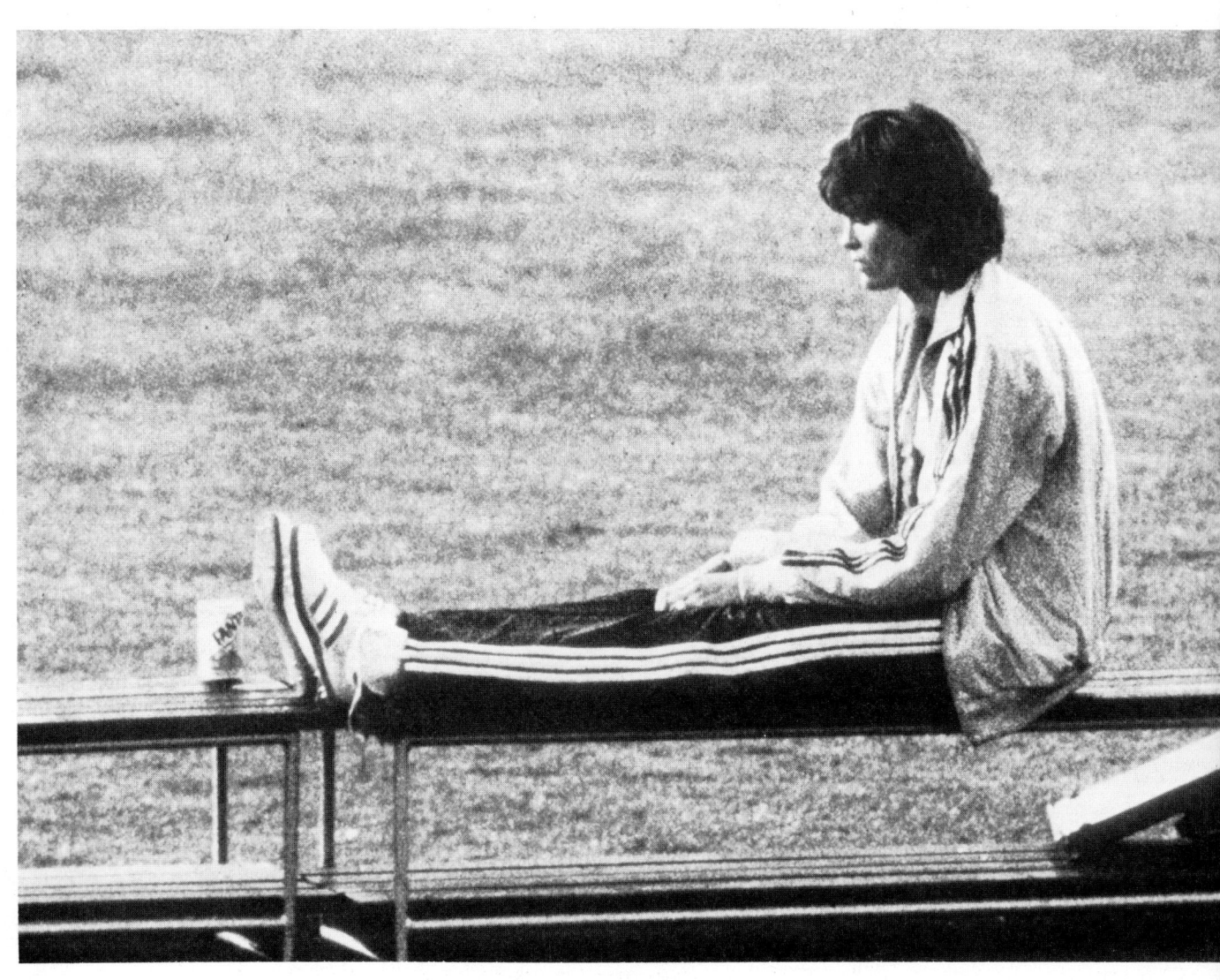

Enttäuscht war sie wohl doch ein wenig, die Ulrike Meyfarth, nach ihrer Niederlage gegen die Sowjetrussin Tamara Bykowa (Bild rechts), aber auch mit der Silbermedaille gab sich die Deutsche am Ende zufrieden. Als »Niederlage« wollte sie den zweiten Platz jedenfalls nicht gelten lassen: »In Los Angeles sehen wir uns wieder«, kündigte sie der Weltmeisterin selbstsicher an

Gewissensfrage: Was ist eigentlich leichter, immer wieder etwas »Schreibbares« über Ulrike Meyfarth zu finden oder immer höher zu springen wie Ulrike Meyfarth? Logische Antwort: Das eine schließt das andere nicht aus. Aber wir wollen den Ereignissen nicht vorausgreifen. Oder doch? Denn die Geschichte des Hochsprungs bei der Weltmeisterschaft ist eigentlich auch die Geschichte des Europacupfinales eine Woche später in London und schlägt dann noch einen Bogen in die italienische Stadt Pisa. Die Affinität der ersten beiden Wettbewerbe ist so augenfällig, daß man im nachhinein getrost behaupten kann: Helsinki und London gehören zusammen, das ist das Ganze. Aber auch Pisa spielte noch seine Rolle, setzte einen – vorläufigen – Schlußpunkt.

Aber nun doch der Reihe nach. Kapitel I, Helsinki: Ulrike Meyfarth (27), Europameisterin und Weltrekordlerin (zunächst noch mit 2,02 m) sah tatsächlich nur für gut fünf Minuten wie die Siegerin aus, als sie nach Fehlversuchen über 1,95 m und 1,97 m plötzlich im ersten Anlauf über 1,99 m hinwegflog und die große Rivalin Tamara Bykowa (24) aus der UdSSR etwas irritiert diese Marke ihrerseits einmal riß. Fußnote: An dieser Stelle ist das erste Bindeglied zum Londoner Europapokal-Duell auszumachen. Aufklärung folgt.
Bei 2,01 m verlief dann deshalb alles recht flott, weil die Bykowa die Höhe gleich im Kasten hatte und die Meyfarth sich nach einem Fehlversuch hier gar nicht länger aufhielt. Treffpunkt 2,03 m: Drei vergebliche Anläufe

Damen: Sprungwettbewerbe

die eine (Bykowa), nur zwei, weil ein Versuch schon bei 2,01 m verbraucht war, die andere (Meyfarth). Als die Latte bei jeweils einem Versuch wirklich nur durch Zufall fiel, ahnte man: Dieses Duell wird eine Fortsetzung haben und zwar schon bald und auf der neuen Weltrekordhöhe. Zunächst freilich galt es zu notieren, daß Tamara Bykowa mit 2,01 m neue Weltmeisterin geworden war und Ulrike Meyfarth (1,99 m) verloren hatte. »Ihr redet alle von Niederlage.« Leicht vorwurfsvoll ging Ulrike Meyfarth alle jene an, die nicht registrieren wollten, daß sie ja eine Silbermedaille gewonnen hatte. Zugegeben, ihre seit 1981 anhaltende Siegesserie schien eine Art Ausschließlichkeitsklausel zu beinhalten – Ulrike Meyfarth und sonst keine. Am Anfang stand – nein, nicht der Olympia-

Damen: Sprungwettbewerbe

Unbekümmert und ohne allzu große Hoffnungen ging Heike Daute in den Weitsprung-Wettbewerb und war am Ende zur Verblüffung aller Weltmeisterin (links oben). Eine bittere Niederlage war dagegen der zweite Platz für die haushohe Favoritin Anisoara Cusmir. Die Rumänin brauchte lange, um ihre Fassung wieder zu gewinnen.

sieg von 1972 – Platz eins beim Europacup 1981 in Zagreb (Höhe 1,94 m). Es folgten der Weltcupsieg im selben Jahr (Höhe 1,96 m), die Halleneuropameisterschaft 1982 (Höhe 1,99 m, Europarekord), die Freiluft-EM 82 (Höhe 2,02 m, Weltrekord). Wir hatten uns alle daran gewöhnt, an die goldenen Medaillen, hatten vergessen, daß die echten Niederlagen der Ulrike Meyfarth aus ganz anderem Stoff waren als die von Helsinki. Zum Beispiel 1976: Rauswurf aus der Qualifikation bei den Spielen in Montreal. Zum Beispiel 1977: Rauswurf aus allen Förderungskadern des Verbandes. Und dann die persönlichen Probleme, die Sache mit dem Studium, der Druck der Öffentlichkeit, die ironische Bemerkungen in den Gazetten (»Wir müssen wissen, was wir wollen – Goldmedaillen oder Nobelpreise«). Nein, Ulrike Meyfarth hat die Contenance in Helsinki nicht verloren, hätte sie sonst gesagt, daß es »vielleicht mal ganz gut war, daß die sehen, daß ich auch noch mal einen Wettkampf verlieren kann?«

Diese Freizügigkeit des Denkens und des Handelns war eine Losung für die Hochspringerin vom Rhein. »Ich hab' das in dieser Saison sehr locker genommen, ich war ganz auf den zweiten Platz eingestellt.« Wer diese Höhen (womit in Helsinki noch die 2,01 m gemeint waren) springen wolle, »braucht sehr viel Praxis.« Und die habe sie nicht gehabt.

Als der Rivalin das Lachen verging

Kapitel II, London: Ulrike Meyfarth sah eigentlich immer wie die Unterlegene aus. 14 Versuche, eine ungewohnt hohe Zahl, hingen ihr wie ein Klotz am Bein. 1,99 m im dritten, 2,01 m im dritten, derweil Tamara Bykowa zu entfleuchen schien – in Richtung Weltrekord, wie ihr Cheftrainer Schapka in Helsinki vorausgesagt hatte. Anlauf Nummer 15 für die Deutsche, unmittelbar nach ihrem letzten Sprung über 2,01 m und vor Bykowas erstem über die neue Höhe: Es genügte in diesem Moment, nur das Gesicht der Sowjetathletin zu betrachten, weg war das Grinsen hinüber zur Rivalin, wenn die mal wieder die Latte aus der Halterung gerissen hatte. Weltrekord, 2,03 m – zum drittenmal in ihrer Laufbahn Weltrekord. Ulrike Meyfarth auf dem Gipfel der Saison, in der Gleichgültigkeit zum Talisman avancierte.

Das Verblüffende an der Londoner Affäre war indessen nicht der Rekord – daß sie dazu

fähig war, hatte sie schon bei der WM angedeutet. Frappierend war der Sieg, die Drehung des Wettkampfes um 180 Grad. Tamara Bykowa reagierte perplex und sah sich nicht mehr in der Lage, die Situation noch zu bereinigen. Wohl zog sie gleich an Höhenzentimetern, nicht aber an Versuchen auf Höhe 2,03.

Kapitel III, Pisa: Während die westlichen Top-Stars bei den IAAF-Meetings groß abkassierten, tingelten die Athleten aus dem östlichen Teil Europas bei sogenannten B-Meetings durch die Provinz. Die Ostblock-Funktionäre lehnen eine Teilnahme ihrer Athleten bei den hochdotierten Sportfesten ab, wollen ihnen aber Starts im westlichen Ausland nicht versagen. So trat also Tamara Bykowa in Pisa, der Stadt mit dem schiefen Turm, gegen zweitklassige Konkurrentinnen an. Und zeigte, daß sie die Niederlage von London besser weggesteckt hatte, als zu vermuten war: Mit 2,04 m sprang sie Weltrekord, läutete eine neue Runde im Duell mit Ulrike Meyfarth ein. Spätestens bei den Olympischen Spielen in Los Angeles 1984 wird es seinen Höhepunkt finden. *M. G.*

Die personifizierte Niederlage

Szenenwechsel: Siegerehrung Weitsprung am Schlußtag in Helsinki. Anisoara Cusmir aus Rumänien, der man nach ihrem 7,43 m-Weltrekord im frühen Sommer 1983 das Etikett mit der Aufschrift »weiblicher Bob Beamon« verpaßt hatte, stand wie versteinert neben der erst 18 jährigen deutschen Siegerin aus Jena, Heike Daute. Welch ein Unterschied zu Ulrike Meyfarth, die sich gewehrt hatte, eine Verliererin genannt zu werden. Anisoara Cusmir dagegen – die personifizierte Niederlage, eine junge Frau, die ausschließlich auf Sieg getrimmt war und vergessen hatte, die Niederlage mit einzukalkulieren. Die silberne Medaille mußte in ihrer Hand brennen, als sie das Podest verließ.

Neben ihr das unbekümmerte, selbst in diesem so feierlichen Augenblick der Siegerehrung so natürliche Gesicht der Meisterin vom SC Motor Jena. Ihr Satz im dritten Durchgang hinaus auf 7,27 m, unterstützt von einem Hauch zu starkem Rückenwind, hatte die Situation herbeigeführt, die die Rumänin gehaßt haben muß. Wie Ulrike Meyfarth in London das Ergebnis noch auf den Kopf zu stellen, mißlang. Heike Daute war übrigens die jüngste Siegerin von Helsinki. *M. G.*

Carol, die Schwester von Superstar Carl Lewis, machte das Familienglück perfekt. Im Weitsprung vervollständigte sie mit ihrer Bronzemedaille den Medaillensegen für den Familienclan aus den USA.

Damen: Sprungwettbewerbe

Damen: Wurfwettbewerbe

Der Tag, als Finnland strahlte

Der Speer glänzte in der Sonne, und es sah aus »wie der Flug einer Möwe zwischen dem Wasser und dem Himmel des Baltikums.« Poeten oder solche, die sich dafür halten, hatten plötzlich Konjunktur, und sie nutzten sie weidlich, galt es doch, dem Gastgeberland seine Reverenz zu erweisen, Finnland und seiner schönen großen blonden Tochter Tiina Lillak.

Die Beschreibung des letzten Wurfes der 22 Jahre alten Sportlerin – Sport gab sie auch als ihren derzeitigen Beruf an – hat ein einziges Entzücken zu sein, und für einen Augenblick möchte vergessen werden, daß die erst mit dem vorletzten Wurf der gesamten Konkurrenz entthronte Britin Fatima Whitbread ihre eigenen einsamen Gedanken hegte.

Tiina Lillak Weltmeisterin! »Ich habe mich noch nie so konzentriert wie vor dem letzten Wurf. Alles war ruhig in mir.« Wie ein Tier sei sie angelaufen, instinktiv, und ihre einzige Vorsicht galt der weißen Begrenzungslinie. Zwei Meter vor ihr warf sie den 600 Gramm schweren und 2,20 Meter langen Speer ab, sie verschenkte, doch sie erhielt den Lohn doppelt und dreifach zurück. 70,82 Meter, die Britin hatte mit ihren 69,14 das Nachsehen.

Die 50 000 Finnen brüllten auf, sie betäubten sich in einem Lärm, der die Sinne surren ließ. »In Tiina Lillaks Wurfarm steckte der patriotische Streß einer ganzen Nation«, schrieb Manfred Lehnen in der »Hannoverschen Allgemeinen«. »Finnland, das einst zu den Großen der Welt der Leichtathletik gehörte, hatte in den letzten Jahren nur noch von Zeit zu Zeit auf sich aufmerksam gemacht, und es sah schon danach aus, als sollte der alte Kalauer, der auf viele Gastgeberländer zutrifft, auch hier zum Tragen kommen: »Wir spielen die Gastgeber, die anderen gewinnen!«

Die junge Frau begann, kaum war der Speer auf den Rasen gefallen, quer über den Platz vor die Tribüne zu rasen, wir alle saßen jetzt in einem Tollhaus. »Ich wußte nicht, was ich tat. Ich hatte das Gefühl, daß mein Kopf vor Glück explodieren würde.«

So verrückt sie sich gebärdete, so schnell hielt sie plötzlich in ihren Jubelposen inne. Sie vergrub ihr Gesicht mit den Händen und ging in sich gekehrt zum Wurfsektor zurück, wo sich Tessa Sanderson hinstellte zum letzten Wurf der gesamten Konkurrenz. Ihr Speer ritzte kurz vor der 60-Meter-Linie das Gras, und das war's dann endgültig gewesen. Die Hymne von Frederik Pacius »Maame«, mein Vaterland, sangen die Finnen im Ste-

»Wie ein Tier« sei sie angelaufen, in ihrem letzten Versuch, und der brachte ihr, der Heldin einer ganzen Nation, die Goldmedaille im Speerwurf: Tiina Lillak erzielte vor heimischer Kulisse 70,82 Meter.

Damen: Wurfwettbewerbe

Damen: Wurfwettbewerbe

hen, es waren erhebende Minuten, die Siegerehrung sah einer sakralen Handlung täuschend ähnlich.
Superlative. Der Sieg Lillaks war auf Weltebene der erste Titel einer Finnin. Die Olympiasieger Saaristo (1912), Myyra (1920 und 1924), Järvinen (1932), Rautavaara (1948) und Nevala (1964) hatten ihr den Boden bereitet. Die Länge des schlanken Turms am Olympiastadion mißt 72,71 Meter: Matti Järvinens Siegerweite von Los Angeles 1932 stolz in den Himmel gereckt. Speerwurf ist ein besonderer Ausdruck von finnischer Kultur.
Tiina Lillak hatte auf allen Litfaßsäulen geprangt, die Stadt war voll von Plakaten mit ihrem Konterfei, mit welchem der Hauptsponsor der finnischen Leichtathletik für sein eigenes Produkt warb.
Sie: die einzige Gold-Hoffnung. Ihr Trainer Kalvi Härkönen schickte sie vor dem Trubel in die Stille der finnischen Landschaft, wo keine Telefonleitung mehr hinreichte. Sie war noch im Jahr davor als Weltrekordlerin nach Athen geflogen und als Vierte gescheitert. Wie stünde es eigentlich mit den Nerven? Nicht zum besten. Der Doppel-Europameister über 5000 und 10000 Meter von 1971, Juha Väätäinen, zog sich den Zorn aller zu, als er aussprach, was viele nur bangig im stillen Kämmerlein mit sich trugen. »Sie scheidet schon im Vorkampf mit 65 Metern aus«, lästerte er.
In den Minuten, während denen Väätäinen schon wieder Anhänger zu gewinnen drohte – oder hatte jemand die ersten Pfiffe nach den ersten mißratenen Versuchen überhören können? – gab sie ihren Landsleuten das sich schon davonschleichende Selbstbewußtsein zurück.
In den Statistiken wird nur zu lesen sein: T. Lillak bestätigte ihren Weltrekord von 74,76 Meter mit dem Gewinn der Weltmeisterschaft.
In dem Finale, in dem kurioserweise der Ostblock mit Ausnahme der Rumänin Eva Raduly-Zorgo nur zusah, belegte die Dortmunderin Beate Peters den siebten Platz. Ingrid Thyssen war verletzt angetreten, und Eva Helmschmidt mit einer Schulterverletzung gleich daheimgeblieben.

Küßchen für die Funktionäre

Ihre Emotionen einen Spitzentanz vollführen ließ auch die gewichtige Siegerin im Kugelstoßen, Helena Fibingerova, mit 34 Jahren schon altgedient. Wie Tiina Lillak packte die Tschechin im sechsten Versuch erst richtig aus, und ihre 21,05 Meter überflogen Helma Knorscheidts Vorgabe um 35 Zentimeter. Die berückende Barocke jubilierte tanzend von einem Kampfrichter zum anderen, küßte jeden ab – es mußten ihr gerade jetzt alle langgehegten Träume und Wünsche eingefallen sein. Und da die Bilder über die Videowand gingen, lachte das Stadion bis zum letzten Platz verständnisinnig mit.
Die größte Favoritin, die DDR-Volkskammerabgeordnete und Kapitänin Ilona Slupianek, saß dagegen auf Bronze fest und wies auf eine Verletzung hin. Daß eine wie Claudia Losch von Quelle Fürth sich mit der Weite von 19,72 Meter bis auf Platz sieben vorschob und dabei ihre Bestleistung gleich um 47 Zentimeter aufbesserte, war die absolute Rarität aller Wurfkonkurrenzen.

Bitterer Abschied für die Beyers

Im Diskuswerfen blieb beim Austauschen von Günstling und Außenseiterin – glückliche DDR – alles in der Familie. Gisela Beyer fiel auf Platz fünf hinunter, und Martina Opitz rückte vor. Für die Geschwister Beyer – siehe Platz sechs Udo mit der Kugel – hatte Helsinki nur Salzkörner ausgestreut. Sie feierten einen bitteren Abschied. *R. H.*

Bild Seite 118:
Fassungslos schlug sie die Hände an den Kopf, konnte ihr spätes Glück kaum begreifen: Helena Fibingerova stieß die Kugel im letzten Versuch weiter als alle anderen und wurde mit 34 Jahren noch Weltmeisterin.

Eine überraschend starke Leistung, mit der niemand gerechnet hatte, bot Claudia Losch im Kugelstoßen. Mit persönlicher Bestleistung von 19,72 Metern belegte sie den sechsten Rang.

Damen: Siebenkampf

Das Kollektiv gab sich die Ehre

Es stand meistens oben rechts auf Seite drei: Das tägliche Glückwunsch-Telegramm von Erich Honecker. Am 11. August druckte das Ostberliner »Sportecho«: »Mit hervorragenden sportlichen Leistungen konnten Sie bei den 1. Weltmeisterschaften der Leichtathletik in Helsinki im Siebenkampf der Frauen Ihrer hohen Favoritenrolle gerecht werden und in dieser Vielseitigkeitsdisziplin den Weltmeistertitel erkämpfen. Ich gratuliere Ihnen dazu von ganzem Herzen.« Angesprochen hat der Generalsekretär des ZK der SED die 25jährige Ramona Neubert aus Dresden und ihren Siebenkampfsieg mit 6714 Punkten. Gemeint hat der DDR-Staatschef aber mit Sicherheit eine ganz andere Leistung: Den Mehrkampfsieg des DDR-Trios Neubert, Sabine Paetz-Möbius (25) aus Leipzig mit 6662 und Anke Vater (22) aus Neubrandenburg mit 6532 Punkten. Wer die Maxime der DDR-Ideologie kennt, weiß, daß in dieser schwierigen Disziplin der Leichtathletik der DDR vermutlich der »sympathischste« Sieg gelungen ist: Der Sieg eines Kollektivs über die Individualisten des Westens (Sabine Everts aus Düsseldorf wurde Vierte, Jane Frederick, USA, gab vor der letzten Übung entnervt auf).

Ein auf den ersten Seiten der DDR-Presse wiedergegebenes Zitat von Ramona Neubert machte dann auch viel mehr noch als das Honecker-Kabel den Stolz des Systems deutlich. Die Weltmeisterin: »Wir sind alle glücklich, daß wir diesen Erfolg für unser Land errungen haben. Ich gratuliere meinen Freundinnen.« Der »Wir-Effekt« des DDR-Sports wurde nirgends so deutlich wie im Siebenkampf. Das ist auch in einem zweiten Zitat der Ramona Neubert zum Ausdruck gekommen: »Wir sahen uns am Ende veranlaßt, unserer Anke zu helfen, damit sie mit der Bronzemedaille belohnt wurde.« Und Ankes Vater zum Thema: »Wir waren eine gute Truppe.«

Zum Abschluß noch zwei Ehrenrunden

Ramona Neubert befand sich bis zum Speerwurf, der vorletzten Disziplin, auf Weltrekordkurs. Ja, nach dem ersten Tag hatte sie mit 3916 Punkten sogar einen »Halbzeit«-Weltrekord aufgestellt. Doch heikle Windverhältnisse irritierten den Speer, ließen ihn schon bei 45,12 Meter wieder landen. Die 800 Meter zum Abschluß gestaltete die Dresdnerin zu zwei Ehrenrunden. Ramona Neubert hat bereits dreimal einen Weltre-

Bis zur vierten Übung des Siebenkampfs lag die bildhübsche Britin Judy Livermore in Front (Bild rechts), doch dann war sie nervlich am Ende und gab auf.

Sabine Everts mußte sich einmal mehr nur dem DDR-Trio geschlagen geben. (rechts außen).

Heide Rosendahl, Silbermedaillengewinnerin im Fünfkampf bei den Olympischen Spielen 1972 von München, betrachtete die Leistungen ihrer Nachfolgerinnen als Kommentatorin mit kritischen Augen (unten links).

Mit ihrem Weitsprungergebnis konnte Sabine Everts nicht ganz zufrieden sein.

Eine gleichmäßig gute Leistung bot Ramona Neubert aus Dresden (rechts außen). Im Hochsprung schaffte die Weltmeisterin 1,80 Meter.

Damen: Siebenkampf

121

Damen: Siebenkampf

Damen: Siebenkampf

kord aufgestellt: 6716 Punkte im Jahr 1981, 6772 ein Jahr später und im Juni 1983 in Moskau 6836 Punkte. Eine Gegenüberstellung ihrer beiden letzten Höchstleistungen mit dem Resultat von Helsinki ergibt das folgende Bild:

	6772	**6836**	**6714**
100 m H:	13,59	13,42	13,29
Kugel:	15,10 m	15,25 m	15,38 m
Hoch:	1,83 m	1,82 m	1,80 m
200 m:	23,14	23,49	23,27
Weit:	6,84 m	6,79 m	6,67 m
Speer:	42,54 m	49,94 m	45,12 m
800 m:	2:06,2	2:07,51	2:11,34

Sie habe, so Ramona Neubert, eigentlich nur im Hochsprung mehr erwartet, sie müsse allerdings anmerken, daß sie durch eine alte Schienbein-Geschichte gerade in den Sprüngen gehandicapt gewesen sei.

Geführt bis zur vierten Übung hat die schwarze Britin Judy Livermore aus Birmingham vor allem dank eines 1,92 m-Hochsprungs. »Die große Gleichmäßigkeit von uns wirkte dann aber auf Judy Livermore demoralisierend« (Neubert).

So tief getroffen von der Überlegenheit ihrer deutschen Landsleute war die Düsseldorferin Sabine Everts nicht. Wohl fiel sie gegenüber der EM 1982 um einen Rang zurück auf den vierten, was jedoch ihre Stellung als beste des Westens nicht beeinträchtigte. Sie teilte sich diese Rolle übrigens mit drei anderen DLV-Athletinnen: Gaby Bussmann (400 m), Margit Klinger (800 m) und Brigitte Kraus (3000 m).

Gegenüber ihrem besten Siebenkampf des Jahres unwesentlich verbessert, erreichte sie 6398 Punkte und Platz zehn in der Weltrangliste 1983. Dabei erzielte die Düsseldorfer Germanistik-Studentin folgende Leistungen (in Klammern die Ergebnisse ihres DLV-Rekordwettkampfes mit 6484 Punkten): 13,50 (13,45) – 12,32 m (12,39) – 1,86 m (1,89) – 23,82 (23,73) – 6,46 m (6,75 m) – 36,36 m (36,02 m) – 2:06,80 (2:07,73).

Warum Sabine Everts wohl einen hervorragenden Platz, aber nicht die Leistungen von früher brachte, darüber hat es im bundesdeutschen Lager manche Diskussion gegeben. Ihre Stagnation in den Wurfübungen wurde zum Anlaß genommen, ihr einen Wechsel zu einer anderen Disziplin nahezulegen. Doch nirgends ist der Kontakt zu den Medaillenrängen so intensiv wie im Siebenkampf. Deshalb wird man Sabine Everts wohl auch 1984 in Los Angeles dort am Start sehen. *M. G.*

Anlauf, Flug, Landung, letzteres ist beim Weitsprung – hier Siebenkämpferin Sabine Everts – oft eine schmerzhafte Angelegenheit. Der Sand ist nicht gerade ein weiches Ruhekissen.

Schlußwort

Vom schönen Brauch, hinter gelungene Aktionen ein Ausrufezeichen zu setzen, soll bei der Beurteilung der 1. Leichtathletik-Weltmeisterschaften ausnahmsweise einmal Abstand genommen werden. Denn hinter die Quintessenz ist dieses Mal ein dickes Fragezeichen zu errichten: Warum nämlich ließ die IAAF die Leichtathletikfreunde in aller Welt solange auf diese WM warten? Ja, es ist dem Weltverband fast vorzuwerfen, daß er die in Helsinki gesetzen Zeichen nicht viel früher kenntlich machte. Selbst die Probleme vor Moskau wären vielleicht auf andere Weise ausgeleuchtet worden, hätte es vor 1980 bereits eine WM vom Gehalt der in Finnland gegeben.

Vor allen sportlichen Errungenschaften ist denn der Rahmen hervorzuheben, der die Tage zwischen dem 7. und dem 14. August 1983 umfaßte. Frei von Zwischenfällen jeglicher Art, was heutzutage bei internationalen Veranstaltungen dieser Größenordnung längst nicht mehr selbstverständlich ist, und getragen vom stets wachen Sportgeist der Finnen, feierte die Leichtathletik ein beeindruckendes Fest. 151 Länder, mit Palästinensern und Israeli, Amerikanern und Russen, Persern und Iraki, ohne jegliche Reibereien unter den nebeneinander im Wind flatternden Fahnen von IAAF und IOC im sportlichen Wettstreit vereint zu haben, muß nachträglich als eine erstaunliche Höchstleistung gewürdigt werden.

Und in seiner Natürlichkeit und Unkompliziertheit knüpfte das Fest an die »einfachen« Olympischen Spiele 1952 im selben Stadion an. Unauffällig organisiert, bar jeden Gigantismus hob sich die WM wohltuend ab von den Auswüchsen Olympias. »Wer's nicht glaubt«, schrieb »Sport« (Zürich), »soll sich an Helsinki erinnern. Von heute an.«

Der Blick ist also nach vorn zu richten, jetzt sportlich gesehen. »USA, UdSSR, DDR – das Spiel ist eröffnet«, lautete ein Titel in »L'Equipe« (Paris), der WM-Fazit und Programm für die Spiele 1984 in Los Angeles in Einklang bringt. Er verdeutlicht zudem eine unveränderte Situation an der Spitze dieser Sportart. Die Amerikaner mit ihren schwarzen Athleten, und hier natürlich besonders hervorzuheben der dreifache Weltmeister Carl Lewis, waren die eifrigsten Medaillensammler. Wir zögern indes zu sagen, sie seien die großen Sieger gewesen. Das könnten sie sein in einem Jahr im heimischen Los Angeles – wenn es gelingt, das vorhandene »Potential« zweckmäßiger und disziplinierter zu nützen. Ihr Optimismus und Patriotismus erlangten in Helsinki wohl eine neue Dimension, vor allem bei den Schwarzen. Doch was kann das garantieren, wenn sich 1984 herausstellen sollte, und dafür gibt es Anzeichen, daß UdSSR und DDR die Akzente nicht auf Helsinki, sondern auf Los Angeles gesetzt haben? Die Sowjets stellten »nur« sechs Weltmeister vor – das Resultat des Gewaltaktes von 1980 und eines radikalen Austauschs der Führungskräfte – aber im nächsten Jahr könnten derlei Spätfolgen überwunden sein. Schon in Helsinki war zu beobachten, wie geschickt und erfolgreich junge Athleten (die Springer Awdejenko und Bubka) eingesetzt wurden.

Ein wenig anders die Situation der DDR-Leichtathletik, dank der Frauen (8 Siege) mit den meisten Goldmedaillen (10) dekoriert. Sie schöpft nicht mehr in dem Maße aus dem vollem wie in den Jahren, als es galt mit Hilfe des Sports die internationale Anerkennung voranzutreiben. Das machte sich im Mittelstreckenbereich und über 400 Meter der Frauen bemerkbar. Der DDR-Nachwuchs trat nur in Person der knapp 19jährigen Weitsprungsiegerin Daute und der des 18jährigen 400-m-Läufers Schönlebe in Erscheinung. Vor der Gefahr, gerade mit solchen jungen Sportler zu übertouren, war der DDR-Sport indes nie gefeit.

Was jetzt noch bleibt, ist die Leichtathletik der Dritten Welt und der Bundesrepublik. Afrikaner und Asiaten fielen durch das von den Großmächten aufgestellte Sieb. Sie waren exotische Farbtupfer und zuweilen Anlaß für beste Unterhaltung auf den Rängen. Dies festzustellen muß enttäuschen, denn zum Beispiel von den Läufern aus Kenia und Äthiopien hatten wir bessere Leistungen in Erinnerung. Kenias Mittel- und Langstreckler, auch in diesem Jahr schon mit hoffnungsvollen Talenten in Erscheinung getreten, terminierten ihren Saisonhöhepunkt ganz eindeutig falsch.

Die Bilanz für die Bundesdeutschen war, wie es DLV-Präsident August Kirsch im Vorwort dieses Bandes geschrieben hat, befriedigend. Ein günstigeres Prädikat ist bei einem Athletenvergleich auf dieser Ebene vielleicht nie zu erreichen. Mag man die eine oder andere Schwäche, wie geschehen, als Einbruch bezeichnet haben – sollte es 1984 in Los Angeles wieder acht Medaillen geben, dann würden wir gerne berichten: Die Leichtathleten des DLV haben ihren Job gut ausgefüllt.

Michael Gernandt

Alle Rekorde auf einen Blick

(Stand: 23. September 1983)

HERREN

100 Meter
WR: 9,93 Calvin Smith (USA)
ER: 10,01 Pietro Mennea (ITA)
DR: 10,16 Christian Haas (Fürth)

200 Meter
WR: 19,72 Pietro Mennea (ITA)
ER: 19,72 Pietro Mennea (ITA)
DR: 20,37 Jürgen Evers (Kornwestheim)

400 Meter
WR: 43,86 Lee Evans (USA)
ER: 44,50 Erwin Skamrahl (D)
DR: 44,50 Erwin Skamrahl (Groß-Ilsede)

800 Meter
WR: 1:41,73 Sebastian Coe (GBR)
ER: 1:41,73 Sebastian Coe (GBR)
DR: 1:43,65 Willi Wülbeck (Wattenscheid)

1500 Meter
WR: 3:30,78 Steve Ovett (GBR)
ER: 3:30,78 Steve Ovett (GBR)
DR: 3:31,58 Thomas Wessinghage (Köln)

5000 Meter
WR: 13:00,42 Dave Moorcroft (GBR)
ER: 13:00,42 Dave Moorcroft (GBR)
DR: 13:12,78 Thomas Wessinghage (Köln)

10 000 Meter
WR: 27:22,5 Henry Rono (KEN)
ER: 27:22,95 Fernando Mamede (POR)
DR: 27:36,8 Karl Fleschen (Leverkusen)

Marathon
WR: 2:08:13 Alberto Salazar (USA)
ER: 2:08:39 Carlos Lopez (POR)
DR: 2:12:22 Werner Dörrenbächer (Saarbrücken)

110 Meter Hürden
WR: 12,93 Renaldo Nehemiah (USA)
ER: 13,28 Guy Drut (FRA)
DR: 13,54 Karl-Werner Dönges (Sindelfingen)

400 Meter Hürden
WR: 47,02 Edwin Moses (USA)
ER: 47,48 Harald Schmid (D)
DR: 47,48 Harald Schmid (Gelnhausen)

3000 Meter Hindernis
WR: 8:05,4 Henry Rono (KEN)
ER: 8:08,02 Anders Gärderud (SWE)
DR: 8:14,05 Michael Karst (Mainz)

4 × 100 Meter
WR: 37,86 USA
ER: 38,26 URS
DR: 38,56 DLV-Staffel

4 × 400 Meter
WR: 2:56,16 USA
ER: 3:00,46 GBR
DR: 3:00,51 DLV-Staffel

Hochsprung
WR: 2,38 Zhu Jianhua (VR China)
ER: 2,36 Gerd Wessig (DDR)
DR: 2,35 Dietmar Mögenburg (Leverkusen)

Stabhochsprung
WR: 5,83 Thierry Vigneron (FRA)
ER: 5,83 Thierry Vigneron (FRA)
DR: 5,66 Jürgen Winkler (Bonn/Troisdorf)

Weitsprung
WR: 8,90 Bob Beamon (USA)
ER: 8,54 Lutz Dombrowski (DDR)
DR: 8,35 Josef Schwarz (München)

Dreisprung
WR: 17,89 Joao Carlos de Oliveira (BRA)
ER: 17,57 Keith Connor (GBR)
DR: 17,33 Peter Bouschen (Düsseldorf)

Kugel
WR: 22,22 Udo Beyer (DDR)
ER: 22,22 Udo Beyer (DDR)
DR: 21,51 Ralf Reichenbach (Berlin)

Diskus
WR: 71,86 Juri Dumtschew (URS)
ER: 71,86 Juri Dumtschew (URS)
DR: 68,08 Hein-Direck Neu (Mainz)

Hammer
WR: 84,14 Sergej Litwinow (URS)
ER: 84,14 Sergej Litwinow (URS)
DR: 80,80 Karl-Hans Riehm (Wattenscheid)

Speer
WR: 99,72 Tom Petranoff (USA)
ER: 96,72 Ferenc Paragi (HUN)
    96,72 Detlef Michel (DDR)
DR: 94,22 Michael Wessing (Wattenscheid)

Zehnkampf
WR: 8779 Jürgen Hingsen (D)
ER: 8779 Jürgen Hingsen (D)
DR: 8779 Jürgen Hingsen (Dormagen)

DAMEN

100 Meter
WR: 10,79 Evelyn Ashford (USA)
ER: 10,81 Marlies Göhr (DDR)
DR: 11,01 Annegret Richter (Dortmund)

200 Meter
WR: 21,71 Marita Koch (DDR)
ER: 21,71 Marita Koch (DDR)
DR: 22,39 Annegret Richter (Dortmund)

400 Meter
WR: 47,99 Jarmila Kratochvilova (CSSR)
ER: 47,99 Jarmila Kratochvilova (CSSR)
DR: 49,75 Gaby Bussmann (Hamm)

800 Meter
WR: 1:53,28 Jarmila Kratochvilova (CSSR)
ER: 1:53,28 Jarmila Kratochvilova (CSSR)
DR: 1:57,22 Margrit Klinger (Obersuhl)

1500 Meter
WR: 3:52,47 Tatjana Kasankina (URS)
ER: 3:52,47 Tatjana Kasankina (URS)
DR: 4:01,54 Brigitte Kraus (Köln)

3000 Meter
WR: 8:26,78 Swetlana Ulmassowa (URS)
ER: 8:26,78 Swetlana Ulmassowa (URS)
DR: 8:35,11 Brigitte Kraus (Köln)

Marathon
WR: 2:22:42 Joan Benoit (USA)
ER: 2:25:29 Grete Waitz (NOR)
DR: 2:28:32 Charlotte Teske (Darmstadt)

100 Meter Hürden
WR: 12,36 Grazyna Rabsztyn (POL)
ER: 12,36 Grazyna Rabsztyn (POL)
DR: 13,04 Heike Filsinger (Mannheim)

400 Meter Hürden
WR: 54,02 Anna Ambrosiene (URS)
ER: 54,02 Anna Ambrosiene (URS)
DR: 55,14 Silvia Hollmann (Dortmund)

4 × 100 Meter
WR: 41,53 DDR
ER: 41,53 DDR
DR: 42,59 DLV-Staffel

4 × 400 Meter
WR: 3:19,23 DDR
ER: 3:19,23 DDR
DR: 3:25,71 DLV-Staffel

Hochsprung
WR: 2,04 Tamara Bykowa (URS)
ER: 2,04 Tamara Bykowa (URS)
DR: 2,03 Ulrike Meyfarth (Leverkusen)

Weitsprung
WR: 7,43 Anisoara Cusmir (ROM)
ER: 7,43 Anisoara Cusmir (ROM)
DR: 6,84 Heide Rosendahl (Leverkusen)

Kugel
WR: 22,45 Ilona Slupianek (DDR)
ER: 22,45 Ilona Slupianek (DDR)
DR: 21,43 Eva Wilms (Fürth)

Diskus
WR: 73,26 Galina Sawinkowa (URS)
ER: 73,26 Galina Sawinkowa (URS)
DR: 67,06 Ingra Manecke (Fürth)

Speer
WR: 74,76 Tiina Lillak (FIN)
ER: 74,76 Tiina Lillak (FIN)
DR: 68,10 Ingrid Thyssen (Leverkusen)

Siebenkampf
WR: 6836 Ramona Neubert (DDR)
ER: 6836 Ramona Neubert (DDR)
DR: 6484 Sabine Everts (Düsseldorf)

Die Ergebnisse von Helsinki

HERREN

100 Meter
1. Carl Lewis (USA) 10,07
2. Calvin Smith (USA) 10,21
3. Emmit King (USA) 10,24
4. Allan Wells (GBR) 10,27; 5. Juan Nunez (DOM) 10,29; 6. Christian Haas (D) 10,32; 7. Paul Narracott (AUS) 10,33; 8. Desai Williams (CAN) 10,36.

200 Meter
1. Calvin Smith (USA) 20,14
2. Elliott Quow (USA) 20,41
3. Pietro Mennea (ITA) 20,51
4. Allan Wells (GBR) 20,52; 5. Frank Emmelmann (DDR) 20,55; 6. Innocent Egbunike (NGR) 20,63; 7. Carlo Simionato (ITA) 20,69; 8. Joao da Silva (BRA) 20,80. – Andreas Rizzi (D) mit 21,37 im Zwischenlauf ausgeschieden.

400 Meter
1. Bert Cameron (JAM) 45,05
2. Michael Franks (USA) 45,22
3. Sunder Nix (USA) 45,24
4. Erwin Skamrahl (D) 45,37; 5. Hartmut Weber (D) 45,49; 6. Thomas Schönlebe (DDR) 45,50; 7. Michael Paul (TRI) 45,80; 8. Gerson Souza (BRA) 45,91. – Martin Weppler (D) mit 46,55 im Semifinale ausgeschieden.

800 Meter
1. Willi Wülbeck (D) 1:43,65
2. Rob Druppers (HOL) 1:44,20
3. Joaquim Cruz (BRA) 1:44,27
4. Peter Elliot (GBR) 1:44,87; 5. James Robinson (USA) 1:45,12; 6. Agberto Guimaraes (BRA) 1:45,46; 7. Hans-Peter Ferner (D) 1:45,74; 8. David Patrick (USA) 1:46,56. – Matthias Assmann (D) mit 1:48,73 im Semifinale ausgeschieden.

1500 Meter
1. Steve Cram (GBR) 3:41,59
2. Steve Scott (USA) 3:41,87
3. Said Aouita (MAR) 3:42,02
4. Steve Ovett (GBR) 3:42,34; 5. Jose Abascal (ESP) 3:42,47; 6. Pierre Délèze (SUI) 3:43,69; 7. Andreas Busse (DDR) 3:43,72; 8. Dragan Zdravkovic (YUG) 3:43,75; 11. Uwe Becker (D) 3:45,09

5000 Meter
1. Eamonn Coghlan (IRL) 13:28,53
2. Werner Schildhauer (DDR) 13:30,20
3. Martti Vainio (FIN) 13:30,34
4. Dimitri Dmitrijew (URS) 13:30,38; 5. Doug Padilla (USA) 13:32,08; 6. Thomas Wessinghage (D) 13:32,46; 7. Wojado Bulti (ETH) 13:34,03; 8. Dietmar Millonig (AUT) 13:36,08.

10000 Meter
1. Alberto Cova (ITA) 28:01,04
2. Werner Schildhauer (DDR) 28:01,18
3. Hansjörg Kunze (DDR) 28:01,26
4. Martti Vainio (FIN) 28:01,37; 5. Gidemus Shahanga (TAN) 28:01,93; 6. Carlos Lopez (POR) 28:06,78; 7. Nick Rose (GBR) 28:07,53; 8. Christoph Herle (D) 28:09,05

Marathon
1. Robert de Castella (AUS) 2:10:03
2. Kebede Balacha (ETH) 2:10:27
3. Waldemar Cierpinski (DDR) 2:10:37
4. Kjell-Erik Stahl (SWE) 2:10:38; 5. Agapius Masong (TAN) 2:10:42; 6. Armand Parmentier (BEL) 2:10:57; 7. Pier Giovanni Poli (ITA) 2:11:05; 8. Hugh Jones (GBR) 2:11:15. – Ralf Salzmann (D) aufgegeben.

110 Meter Hürden
1. Greg Foster (USA) 13,42
2. Arto Bryggare (FIN) 13,46
3. Willie Gault (USA) 13,48
4. Mark McKoy (CAN) 13,56; 5. Thomas Munkelt (DDR) 13,66; 6. György Bakos (HUN) 13,68; 7. Ventzislav Radev (BUL) 13,73; 8. Sam Turner (USA) 13,82. – Axel Schaumann (D) mit 14,40 im Vorlauf ausgeschieden.

400 Meter Hürden
1. Edwin Moses (USA) 47,50
2. Harald Schmid (D) 48,61
3. Alexander Charlow (URS) 49,03
4. Sven Nylander (SWE) 49,06; 5. Andre Phillips (USA) 49,24; 6. David Lee (USA) 49,32; 7. Dia Amadou (SEN) 49,61; 8. Ryszard Szparak (POL) 49,78.

3000 Meter Hindernis
1. Patriz Ilg (D) 8:15,06
2. Boguslaw Maminski (POL) 8:17,03
3. Colin Reitz (GBR) 8:17,75
4. Joseph Mahmoud (FRA) 8:18,32; 5. Roger Hackney (GBR) 8:19,38; 6. Graham Fell (GBR) 8:20,01; 7. Julius Korir (KEN) 8:20,11; 8. Henry Marsh (USA) 8:20,45. – Rainer Schwarz (D) im Semifinale aufgegeben.

4 x 100 Meter
1. USA 37,86
   (King, Gault, Smith, Lewis)
2. Italien 38,37
   (Tilli, Simionato, Pavoni, Mennea)
3. URS 38,41
   (Prokofjew, Sidorow, Murajew, Brzygin)
4. DDR 38,51; 5. Deutschland (Bastians, Haas, Evers, Rizzi) 38,56; 6. Polen 38,72; 7. Jamaica 38,75; 8. Frankreich 38.98.

4 x 400 Meter
1. URS 3:00,79
   (Lowatschew, Troschilow, Tschernetzky, Markin)
2. Deutschland 3:01,83
   (Skamrahl, Vaihinger, Schmid, Weber)
3. Großbritannien 3:03,53
   (A. Bennett, Cook, T. Bennett, Brown)
4. CSSR 3:03,90; 5. Italien 3:05,10; 6. USA 3:05,29; 7. Schweden 3:08,57; Polen disqualifiziert.

20 km Gehen
1. Ernesto Canto (MEX) 1:20:49
2. Jozef Pribilinec (TCH) 1:20:59
3. Ewgenij Ewsiukow (URS) 1:21:08
4. José Marin (ESP) 1:21:21; 5. Gerard Lelievre (FRA) 1:21:37; 6. Pavol Blazek (TCH) 1:21:54; 7. Maurizio Damilano (ITA) 1:21:57; 8. Guillaume Leblanc (CAN) 1:22:04.

50 km Gehen
1. Ronald Weigel (DDR) 3:43:08
2. José Marin (ESP) 3:46:42
3. Sergej Jung (URS) 3:49:03
4. Reima Salonen (FIN) 3:52:53; 5. Raul Gonzalez (MEX) 3:53:51; 6. Francois Lapointe (CAN) 3:53:57; 7. Alessandro Bellucci (ITA) 3:55:38; 8. Viktor Durowskitsch (URS) 3:56:02; 18. Karl Degener (D) 4:06:51.

Hochsprung
1. Gennady Awdejenko (URS) 2,32
2. Tyke Peacock (USA) 2,32
3. Zhu Jianhua (PRC) 2,29
4. Igor Paklin (URS) und Dietmar Mögenburg (D) 2,29; 6. Dwight Stones (USA) 2,29; 7. Carlo Thränhardt (D) 2,26; 8. Waleri Sereda (URS) 2,26; 16. Paul Frommeyer (D) 2,19.

Stabhochsprung
1. Sergej Bubka (URS) 5,70
2. Konstantin Wolkow (URS) 5,60
3. Atanas Tarev (BUL) 5,60
4. Tadeusz Slusarski (POL) 5,55; 5. Tom Hintnaus (BRA) 5,50; 6. Patrick Abada (FRA) 5,50; 7. Miro Zalar (SWE) 5,50; 8. Thierry Vigneron (FRA) und Wladyslaw Kozakiewicz (POL) 5,40; 15. Günther Lohre (D) 5,25; 16. Jürgen Winkler (D) 5,25.

Weitsprung
1. Carl Lewis (USA) 8,55
2. Jason Grimes (USA) 8,29
3. Mike Conley (USA) 8,12
4. Laszlo Szalma (HUN) 8,12; 5. Nenad Stekic (YUG) 8,09; 6. Gary Honey (AUS) 8,06; 7. Antonio Gorgos (ESP) 8,06; 8. Yussuf Alli (NGR) 7,89

Dreisprung
1. Zdzislaw Hoffman (POL) 17,42
2. Willie Banks (USA) 17,18
3. Ajayi Agbekaku (NGR) 17,18
4. Mike Conley (USA) 17,13; 5. Vlastimil Marinec (TCH) 17,13; 6. Jan Cado (TCH) 17,06; 7. Bela Bakosi (HUN) 16,83; 8. Al Joyner (USA) 16,76; 9. Peter Bouschen (D) 16,70. – Wolfgang Knabe (D) mit 15,61 in der Qualifikation ausgeschieden.

Kugel
1. Edward Sarul (POL) 21,39
2. Ulf Timmermann (DDR) 21,16
3. Remigius Machura (TCH) 20,98
4. Dave Laut (USA) 20,60; 5. Janis Bojars (URS) 20,32; 6. Udo Beyer (DDR) 20,09; 7. Alessandro Andrei (ITA) 20,07; 8. Aulis Akonniemi (FIN) 19,85.

Diskus
1. Imrich Bugar (TCH) 67,72
2. Luis Delis (CUB) 67,36
3. Gejza Valent (TCH) 66,08
4. Ari Huumonen (FIN) 65,44; 5. Jürgen Schult (DDR) 64,92; 6. Gregorij Kolnootschenko (URS) 64,74; 7. Juan Martinez (CUB) 64,26; 8. Art Burns (USA) 63,22; 16. Alwin Wagner (D) 58,96; 18. Werner Hartmann (D) 58,48.

Ergebnisse

Hammer
1. Sergej Litwinow (URS) 82,68
2. Juri Sedych (URS) 80,94
5. Zdzislaw Kwasny (POL) 79,42
4. Igor Nikulin (URS) 79,34; 5. Günther Rodehau (DDR) 77,08; 6. Klaus Ploghaus (D) 76,96; 7. Karl-Hans Riehm (D) 76,92; 8. Emanuil Djulgerov (BUL) 76,64; 11. Christoph Sahner (D) 72,86.

Speer
1. Detlef Michel (DDR) 89,48
2. Tom Petranoff (USA) 85,60
3. Dainis Kula (URS) 85,58
4. Heino Puuste (URS) 84,56; 5. Per Olsen (NOR) 83,54; 6. Kenth Eldebrink (SWE) 83,28; 7. Zdenek Adamec (TCH) 81,30; 8. Klaus Tafelmeier (D) 80,42.

Zehnkampf
1. Daley Thompson (GBR) 8666
   (10,60 – 7,88 – 2,03 – 15,35 – 48,12; 14,37 – 44,46 – 5,10 – 65,24 – 4:29,72)
2. Jürgen Hingsen (D) 8561
   (10,95 – 7,75 – 2,00 – 15,66 – 48,08; 14,36 – 43,30 – 4,90 – 67,42 – 4:21,59)
3. Siegfried Wentz (D) 8478
   (10,94 – 7,24 – 2,00 – 15,11 – 48,09; 14,13 – 44,98 – 4,70 – 75,08 – 4:28,52)
4. Uwe Freimuth (DDR) 8433; 5. Stephan Niklaus (SUI) 8212; 6. Alexander Nevsky (URS) 8201; 7. Torsten Voss (DDR) 8167; 8. Steffen Grummt (DDR) 8149; 9. Guido Kratschmer (D) 8096 (10,86 – 7,35 – 1,94 – 14,99 – 48,61; 14,29 – 46,56 – 4,60 – 52,24 – 4:36,43)

DAMEN

100 Meter
1. Marlies Göhr (DDR) 10,97
2. Marita Koch (DDR) 11,02
3. Diane Williams (USA) 11,06
4. Merlene Ottey (JAM) 11,19; 5. Angela Bailey (CAN) 11,20; 6. Helinae Marjamaa (FIN) 11,24; 7. Angella Taylor (CAN) 11,30; Evelyn Ashford verletzt aufgegeben. – Monika Hirsch (D) mit 11,91 im Zwischenlauf ausgeschieden.

200 Meter
1. Marita Koch (DDR) 22,13
2. Merlene Ottey (JAM) 22,19
3. Kathryn Cook (GBR) 22,37
4. Florence Griffith (USA) 22,46; 5. Grace Jackson (JAM) 22,63; 6. Anelia Nunewa (BUL) 22,68; 7. Angela Bailey (CAN) 22,93; 8. Ewa Kasprzyk (POL) 23,03. – Ute Thimm (D) mit 23,68 im Zwischenlauf ausgeschieden.

400 Meter
1. Jarmila Kratochvilova (TCH) 47,99
2. Tatjana Kocembova (TCH) 48,59
3. Maria Pinigina (URS) 49,19
4. Gaby Bussmann (D) 49,75; 5. Marita Payne (CAN) 50,06; 6. Irina Baskakowa (URS) 50,48; 7. Dagmar Rübsam (DDR) 50,48; 8. Rosalyn Bryant (USA) 50,66.

800 Meter
1. Jarmila Kratochvilova (TCH) 1:54,68
2. Ljubow Gurina (URS) 1:56,11
3. Ekaterina Podkopajewa (URS) 1:57,58
4. Margrit Klinger (D) 1:58,11; 5. Robin Campbell (USA) 2:00,03; 6. Doina Melinte (ROM) 2:00,13; 7. Milena Matejkovicova (TCH) 2:01,72; 8. Antje Schroeder (DDR) 2:02,13.

1500 Meter
1. Mary Decker (USA) 4:00,90
2. Samira Saizewa (URS) 4:01,19
3. Ekaterina Podkopajewa (URS) 4:02,25
4. Ravilia Agletdinowa (URS) 4:02,67; 5. Wendy Sly (GBR) 4:04,14; 6. Doina Melinte (ROM) 4:04,42; 7. Gabriella Dorio (ITA) 4:04,73; 8. Brit McRoberts (CAN) 4:05,73

3000 Meter
1. Mary Decker (USA) 8:34,62
2. Brigitte Kraus (D) 8:35,11
3. Tatjana Kasankina (URS) 8:35,13
4. Swetlana Ulmassowa (URS) 8:35,55; 5. Wendy Sly (GBR) 8:37,06; 6. Agnese Possamai (ITA) 8:37,96; 7. Jane Furniss (GBR) 8:45,69; 8. Natalia Artemowa (URS) 8:47,98.

Marathon
1. Grete Waitz (NOR) 2:28:09
2. Marianne Dickerson (USA) 2:31:09
3. Raisa Smeknowa (URS) 2:31:13
4. Rosa Mota (POR) 2:31:50; 5. Jacqueline Gareau (CAN) 2:32:35; 6. Laura Fogli (ITA) 2:33:31; 7. Regina Joyce (IRL) 2:33:52; 8. Tuija Toivonen (FIN) 2:34:14; 15. Monika Lövenich (D) 2:39:19; 19. Christa Vahlensieck (D) 2:40:43; Charlotte Teske (D) aufgegeben.

100 Meter Hürden
1. Bettine Jahn (DDR) 12,35
2. Kerstin Knabe (DDR) 12,42
3. Glinka Sagortscheva (BUL) 12,62
4. Natalia Petrowa (URS) 12,67; 5. Shirley Strong (GBR) 12,78; 6. Elena Bisserowa (URS) 12,80; 7. Cornelia Riefstahl (DDR) 12,94; 8. Benita Fitzgerald (USA) 12,99. – Heike Filsinger (D) lief im Vorlauf mit 13,04 DLV-Rekord und schied im Semifinale mit 13,42 ebenso wie Ulrike Denk (D) mit 13,16 aus.

400 Meter Hürden
1. Ekaterina Fesenko (URS) 54,14
2. Anna Ambrosiene (URS) 54,15
3. Ellen Fiedler (DDR) 54,55
4. Petra Pfaff (DDR) 54,64; 5. Petra Krug (DDR) 54,76; 6. Ann-Louise Skoglund (SWE) 54,80; 7. Susan Morley (GBR) 56,04; 8. Christiana Cojocaru (ROM) 56,26. – Mary Wagner (D) im Vorlauf verletzt ausgeschieden.

4 x 100 Meter
1. DDR 41,76
   (Gladisch, Koch, Auerswald, Göhr)
2. Großbritannien 42,71
   (Baptiste, Cook, Callender, Thomas)
3. Jamaica 42,73
   (Hodges, Pusey, Cuthbert, Ottey)
4. Bulgarien 42,93; 5. Kanada 43,05; 6. URS 43,22; 7. Frankreich 43,40; 8. CSSR 43,78. – Deutschland (Hirsch, Vollmer, Schabinger, Thimm) im Vorlauf mit 44,21 ausgeschieden.

4 x 400 Meter
1. DDR 3:19,73
   (Walter, Busch, Koch, Rübsam)
2. CSSR 3:20,32
   (Kocembova, Moravcikova, Matejkovicova, Kratochvilova)
3. URS 3:21,16
   (Korban, Iwanowa, Baskakowa, Pinigina)
4. Kanada 3:27,41; 5. USA 3:27,57; 6. Deutschland (Daimer, Thimm, Gottwald, Bussmann) 3:29,43; 7. Bulgarien 3:30,36; 8. Rumänien 3:35,61.

Hochsprung
1. Tamara Bykowa (URS) 2,01
2. Ulrike Meyfarth (D) 1,99
3. Louise Ritter (USA) 1,95
4. Coleen Sommer (USA) 1,95; 5. Kerstin Brandt (DDR) 1,92; 6. Debbie Brill (CAN) 1,88; 7. Susanne Helm (DDR) 1,88; 8. Olga Juha (HUN) 1,88.

Weitsprung
1. Heike Daute (DDR) 7,27 (RW)
2. Anisoara Cusmir (ROM) 7,15 (RW)
3. Carol Lewis (USA) 7,04 (RW)
4. Tatjana Proskurjakowa (URS) 7,02; 5. Beverly Kinch (GBR) 6,93; 6. Zsuzsa Vanyek (HUN) 6,81; 7. Eva Murkova (TCH) 6,80; 8. Robyn Lorraway (AUS) 6,65. – Sabine Everts (D) und Christina Sussiek (D) ohne gültigen Versuch in der Qualifikation.

Kugel
1. Helena Fibingerova (TCH) 21,05
2. Helma Knorscheidt (DDR) 20,70
3. Ilona Slupianek (DDR) 20,56
4. Nunu Abaschidse (URS) 20,55; 5. Natalia Lisowskaja (URS) 20,02; 6. Mihaela Loghin (ROM) 19,85; 7. Claudia Losch (D) 19,72; 8. Maria Sarria (CUB) 19,47.

Diskus
1. Martina Opitz (DDR) 68,94
2. Galina Muraschowa (URS) 67,44
3. Maria Petkova (BUL) 66,44
4. Swetana Christova (BUL) 65,52; 5. Gisela Beyer (DDR) 65,26; 6. Zdenka Silhava (TCH) 65,32; 7. Ria Stalman (HOL) 63,76; 8. Meg Ritchie (GBR) 62,50.

Speer
1. Tiina Lillak (FIN) 70,82
2. Fatima Whitbread (GBR) 69,14
3. Anna Verouli (GRE) 65,72
4. Tessa Sanderson (GBR) 64,76; 5. Eva Raduly-Zörgö (ROM) 63,86; 6. Tuula Laaksalo (FIN) 62,44; 7. Beate Peters (D) 62,42; 8. Maria Colon (CUB) 62,04; 14. Ingrid Thyssen (D) 59,70.

Siebenkampf
1. Ramona Neubert (DDR) 6714
   (13,29 – 1,80 – 15,38 – 23,27; 6,67 – 45,12 – 2:11,34)
2. Sabine Paetz (DDR)
   (13,11 – 1,83 – 14,23 – 23,60; 6,68 – 44,52 – 2:11,59)
3. Anke Vater (DDR) 6532
   (13,58 – 1,86 – 14,05 – 23,49; 6,32 – 37,84 – 2:05,64)
4. Sabine Everts (D) 6398 (13,50 – 1,86 – 12,32 – 23,82; 6,46 – 36,36 – 2:06,80);
5. Valentina Dimitrova (BUL) 6362; 6. Ekaterina Smirnowa (URS) 6321; 7. Glynis Nunn (AUS) 6195; 8. Tineke Hidding (HOL) 6155.

Das neue, reich bebilderte Nachschlagewerk

Rechtzeitig zu den Olympischen Spielen 1984 erscheint dieser prächtig ausgestattete, großformatige Band. In Wort und Bild werden Geschichte und Höhepunkte sämtlicher Olympischen Sommer- und Winterspiele von 1896 bis heute wieder lebendig. In packenden Schilderungen und 400 meist farbigen Fotos begegnen wir den großen Sportlern ihrer Zeit und erleben mit, wie sie ihre Siege errangen oder von Außenseitern geschlagen wurden. Die ausführliche Statistik sämtlicher Medaillengewinner aller Sommer- und Winterspiele macht den Band zum einzigartigen Nachschlagewerk, das man auch in vielen Jahren noch gerne zur Hand nimmt.

Peter Arnold/Hansjürgen Jendral: Olympische Spiele
256 Seiten mit rund 400 Fotos. Großformat. DM 48,–

Copress Verlag · 8000 München 40